金卫东 ／ 主编

专业共同体：

教师发展的最好平台

世界图书出版公司

图书在版编目（CIP）数据

中国教育领航 . 第二辑 / 严华银主编 . –– 北京：
世界图书出版公司 , 2021.8
　ISBN 978–7–5192–8643–9

　Ⅰ . ①中… Ⅱ . ①严… Ⅲ . ①教育—研究—中国
Ⅳ . ① G52

中国版本图书馆 CIP 数据核字 (2021) 第 103693 号

书　　　　名	中国教育领航 . 第二辑	
（汉语拼音）	ZHONGGUO JIAOYU LINGHANG.DI-ER JI	
主　　　编	严华银	
总　策　划	吴　迪	
责　任　编　辑	王林萍	
装　帧　设　计	包　莹	
出　版　发　行	世界图书出版公司长春有限公司	
地　　　址	吉林省长春市春城大街 789 号	
邮　　　编	130062	
电　　　话	0431-86805551（发行）　　0431-86805562（编辑）	
网　　　址	http: //www.wpcdb.com.cn	
邮　　　箱	DBSJ@163.com	
经　　　销	各地新华书店	
印　　　刷	保定市铭泰印刷有限公司	
开　　　本	787 mm × 1092 mm　1/16	
印　　　张	127.25	
字　　　数	2 222 千字	
印　　　数	1—5 000	
版　　　次	2021 年 8 月第 1 版　　2021 年 8 月第 1 次印刷	
国　际　书　号	ISBN 978-7-5192-8643-9	
定　　　价	880.00 元（全 10 册）	

丛书编委会

主　　　任：王仁雷

主　　　编：季春梅

副　主　编：回俊松

编 委 成 员：季春梅　回俊松　严华银

策　划　人：严华银

本书编者

编　　　者：金卫东

其言不立，何以成"家"

——教育家型校长思想生成之道

当我们把教育家型校长的发展目标定位在"立功立德立言"的高度，且将"立言"作为其发展的至高境界时，在教育家型校长成长与培养的过程中，发展主体和培养主体都会全力关注：如何培育教育家型校长的教育思想？如何帮助校长凝练教育思想？而最无法绕过的问题则是，我们今天究竟需要怎样的教育思想？

改革开放后，中国教育经历过短暂的辉煌后，忽然在商业化、市场化的大潮中受到强烈冲击，很快，外延扩张式发展与内涵跟进不及发生矛盾冲突，直至今天，以分数为评判标准的应试升学的热情从来就高烧不止。课程改革、核心素养改革，一场又一场倡导素质教育、立德树人的改革，尽管取得了令人瞩目的成绩，为我国几十年的经济、社会事业发展提供了强有力的人才支持，但我们也不能不看到，整体上，青少年的道德素养、综合能力、创新精神的培养还有明显不足，在一流杰出科技人才队伍的打造方面，还存在很多困难。从最近几年出现的问题看，人才品质问题、高品质人才教育问题，可能是影响和制约中国未来发展的至关重要的问题。

教育的问题当然不仅仅是教育本身的问题。但作为教育人，也还是要较多地考虑从教育本身来着手解决教育问题。参与了两届国家层面的教育家型校长培养工程，走进这些校长的内心和他们所在的学校，了解他们成长和发展的历程，我们最为深切的体会就是，校长、学校、教育的根本问题，一定是教育思想、教育价值观问题。尤其是校长，假如我们仍然认可有什么样的校长，就有什么样的学校，那么我们就可以说，有什么样的教育价值观，就有什么样的校长。从这一角度看，研究近几十年来的教育，研究教育的问题，首先必须关注教育思想和价值观的问题。

最近这几十年间，我们究竟有什么样的教育思想和价值观呢？比如说，我们有"为学生一生的幸福奠基"的"奠基说"，有"坚守儿童立场"的"立场说"，还有"没有教不好的学生，只有不会教的老师""办孩子喜欢的学校""教育就是服务""让学生永远站在课堂的中央"等一系列被某些人认为富有创意、极为宏大甚至伟大的教育观点和追求。但这些从某一角度和维度看非常正确的教育思想，联系教育方针确定的培养目标、学校教育和学生发展的实际，联系近年来教育和社会出现的种种问题，就会发现其中的偏执和矛盾，就会发现其给具体实行教育的学校管理者和教育者带来的问题不可小觑。一国教育的终极目标，是不是仅仅就为着生命个体一己之幸福，还要不要对家庭、家乡和家国的关怀和奉献？过分强化一己之幸福，无限滋长个人和利己主义倾向，与现实中许多社会问题的集中出现有没有某些关联呢？教育的意义在于引领成长，片面强调学生单向的"喜欢"，片面强调"儿童立场"，那教师、学校和教育的立场还有没有、要不要呢？如果没有和不要，那孩子是不是就可以野蛮生长，或者永远停留在儿童时代呢？一味地强调学生的可塑性，否定教育的复杂性，将教师置于无可再退的墙角，将教育和学校的责任增至"无限"，意义何在呢？原本教师主导、学生主体的非常正常的课堂关系，一句浪漫主义的文学夸张，让教师们不能不愕然：课堂里，学生站在"中央"，那我"站着"还是"坐着"，又在哪里是好呢？许多年来，有这样一种观点，凡不管用什么方法、怎样的表达，只要是为学生讲话，再怎样过分地讲话，从来都是正确的，一片叫好并跟风；相反，为教师讲话，讲传统和传统教育，讲孔孟、《学记》，讲朱熹、王阳明、陶行知，讲几十年教育中的本土实践、经验，响应者、问津者似乎寥寥。我们以为，上述种种轻忽教育立场、弱化教育力量、虚化教师地位、教育理念表达"文学化"的现象，与"教育领域中某些教育者唯西方是从，漠视国情、漠视教育传统，轻视甚或蔑视本土实践和本土经验的教育研究风气"紧密相关。于是，这些人要么把教育做成了西方教育哲学的跑马场，言必称建构主义，到处必说佐藤学；要么就是信口开河，语不惊人死不休，把原本属于科学的教育，几乎化作了浪漫想象、天马行空的"文学"。

今天，中国教育"转型"发展，"高品质学校"建设任重道远，尤其需要成千上万的教育家型校长突破现实某些教育思想和教育实践的误区，努力建构自己的卓越的教育思想，"领航"千千万万学校，"领航"区域教育，"领航"中国教育，解"唯分"困局，破"应试"冰山，实现党中央、国务院提出的完善"德智体美劳全面培养体系"，健全"立德树人落实机制"的改革目标。

何为教育思想？教育思想本不神秘，并不像某些人理解的那样高深莫测。它实际所指就是办学思想，即校长对于教育的认识、理解、见解、主张、理念、观点，在具体的办学实践中的执行和落实，或者说是从学校的教育教学和管理行为中梳理总结出来的教育理念和思想。它包括教育观、课程观、教学观、教师观、学生观等。这为任何一所学校任何一个校长所具有。

但从上述分析可知，由于种种因素，不同学校、不同校长，其教育思想又有高下之别。真正卓越的教育思想，一定是共性与个性的统一，一般与特殊的统一，坚守与开放的统一。真正优秀的教育思想，一定是切近人性，尊重科学，符合规律的；真正优秀的教育思想，一定是指向道德，关乎人格，追求情怀的；真正优秀的教育思想，也一定是基于本土，博采他山之石，合于教育价值的。

据此，我们来研究教育家型校长卓越的教育思想的建构问题。

第一，崇高道德必须成为教育思想的内核。让"社会主义事业的建设者和接班人"与"立德树人"的方针、目标和价值观落地，就必须旗帜鲜明、大张旗鼓地弘扬人格与道德、情怀与境界的教育追求。以善良诚厚为本，不断锤炼个性、意志、品格，正确处理好己与人、私与公、个体与群体的关系。传承中华传统，见贤思齐，修身齐家，奉献祖国，达成个人价值和民族伟大复兴的统一。美国普林斯顿大学以"普林斯顿——为了给国家服务"为校训；清华大学以"厚德载物，自强不息"为校训；南开大学以"允公允能，日新月异"为校训；江苏省锡山高中以"做站直了的中国人"为校训，可以说，这些都是办学主体对于教育本质的精准理解和把握。将教育思想的内核由过于偏重个体、个性和个人的幸福的"小我"追求，"转型"至对于家乡、家国、民族的大爱与奉献，达成个人价值与民族复兴统一的"大爱"情怀，既是时代发展的迫切需要，也是社会主义核心价值观的体现，更是教育的根本意义和价值所在。而这一问题的解决，需要校长们站位高远，秉持理想，需要校长们全神贯注、全力以赴。

第二，建构教育思想迫切需要校长们思维理性的修炼和提升。教育思想的重要特点是富于个性，是校长在教育教学实践和办学实践中基于教育的个性化理解而逐渐成熟的办学理想和育人理想，但任何教育思想又必须契合国家主流的教育价值观。个性与共性的统一可以说是教育思想确立的基本原则。教育思想是关于教育问题的本质表达，所以需要拨开云雾，不被表象所迷惑。就育人而言，道德、人格、思维、理性、创新都应是其不可或缺的元素。不仅如此，在凝练教育思想的过程中，还得借助辩证思维、逻辑思维等，处理好传统与现代、人文与科学、传承与创新、借鉴与坚守、专家引领与自主建构的关系。

第三，教育思想的成熟，从来都伴随实践，且伴随实践反思。教育思想首先是优秀校长的，是优秀校长在办学实践中逐渐形成的。办学和教育实践是教育思想之根。从实践之根出发，长出教育之参天大树，并最终凝结为思想之果。这一浩大工程、漫长过程，伴随的是实践主体——校长的不断修剪、打理、矫正和选择，也就是说，反思、改进、践行、循环往复，追求最好，走向更好，是教育家型校长教育思想成熟的必由之路。福建三明学院附小林启福校长带领学校教师，借助专业支持，经过十余年艰苦探索，从"幸福教育"走向"福泽教育"。本期领航校长，宁夏银川金凤三小王晓川校长，在领航专家团队的启发引领下，将原本"说学"并重的教育理念，逐渐明晰为"说以成理，学而至善"，直抵教育本质，实现了教育思想的一次蜕变，正是其实践反思、理性辨正的成果。

第四，教育思想的表达，从来都需要严谨缜密，抓住要害和关键。近年来，在某些区域校长培养过程中，某些校长教育思想的凝练，表现出经院式、标签化、概念性、文学风倾向，助长了办学和教育教学的浮躁、功利和知行不一，这尤其需要教育家型校长通过理性思维，明辨真伪，去粗取精，并最终找到最为科学的表达方式。新疆生产建设兵团华山中学邱成国校长的"才丰似花，德厚如山"理念，海南陵水中学张勇校长的"仁智教育"理念都是十分经典的表达例证，值得借鉴。就教育思想在校园中的呈现而言，育人理念和思想最为根本；就育人文化的呈现而言，校训最为根本。因为学校的价值就在于育人，校长的训词则是对被育对象的严肃训诫和要求，突出呈现这些，就是突出学生主体，就是突出教育的本质。目前，一些区域学校，校园中贪多务全的思想和文化表达，常常淹没了发展主体、教育主旨和核心，其成效适得其反。

教育家型校长，又被称之为领航校长，所谓"家"，"家"在何处？所谓"领航"，究竟引"领"什么？"航"向哪里？至关重要的还是教育思想问题。尤其是在今天这样一个价值多元、教育转型的特殊时期，教育家型校长通过卓越的教育思想，发挥其领航价值，推动我国基础教育快速稳步发展，意义十分重大。

丛书编者

2021 年 5 月

专家感言

三年转眼过，在中国教育改革的热土地——江苏，在教育部名校长领航工程基地之一——江苏省师干训中心，一群教育专家，与一群可以被称之为教育义勇军、先行者的领航校长——教育部第二期名校长领航工程9位学员，走过了一段峥嵘、卓越的岁月。

他们，阵容并不壮大，少时十数人，多时数十人。问题是，当五湖四海、出类拔萃的校长精英与长三角首屈一指的教育专家一朝相逢，而且一发不可收地亲近、交融，终至于合二为一，成为志同道合的教育"行者"，其生发的聚合和裂变，其结晶的意义和价值，你怎么估量都不为过！

曾记2018年，北京受命，南京启航，从此，基地精致组织协调；导师沉稳领航引导；学员潜心研学，竭力修正，其教育内涵逐渐丰富、厚重，其学校文化越发凝练、科学。三年中，被"领航"者，又"领航"着各工作室的成员和学校；三年中，基地、导师、学员、学员的学员，还"组合"成"教育志愿军"，一组一组，一次一次，深入大凉山腹部，从昭觉到布拖，让教育的"精准帮扶"生根校园，惠及教师，落地课堂，直抵每个孩子的心底。

就是在这样的"层递领航"中，我们的理念、能力，我们的情怀、境界，我们的思想、经验，经千锤百炼而不断精进；而且，就在这样的行走中，我们"扩容"了"领航"内涵，拓展了教育价值，也升格了人生境界，终于，我们真的可以无愧于"教育家型校长"的称号。

我们还积累了许多教育的感想和哲思，创造了许多美好的邂逅和故事。我们更收获了深厚的友情，沉淀了悠悠的思念。

终于，到2021年，在安徽池州，在天津南开，在山东济南历城，三场高端的教育思想研讨会，水到渠成地举行，每一位校长，从个人经历中发现成长，从教育行走中感悟价值，从办学成就中梳理经验。终于，一朵名为教育思想的花儿，经历远远不止十月的孕育，含苞，又顺畅绽放，并被精彩命名，且被专家们洞幽烛微地阐述、"微言大义"地点评，由此，她、她们，名正言顺地盛开在中国教育思想的家园。

这里，我们撷取三年生活的"散点"，轻拂去岁月的"尘封"，从痕迹到线索，从即景到场面，真实描述，定格展示。其意义，除了留存和总结，还期望复苏记忆，活跃联想，让所有的亲历者偶尔或者常常回放、回望或者回味——

因为，不论是谁，一生中又能有多少这样的三年呢？

目录

第五章　教师专业共同体建设思想在区域教育的辐射和影响

第六章　结论与反思

第一章
教师专业共同体之理性阐述

本章阐述了教师专业共同体提出的背景、内涵演变过程，对教师专业共同体和初中教师专业共同体建设的现实问题、现实意义进行审视。

第一节 问题提出

本节从教育变革的时代要求、学校发展的现实需求、教师成长的内在需求三个方面阐述教师专业共同体建设探索的必要性。

一、教育变革的时代要求

教育是立国之本，强国之基。国与国之间的竞争，表面来看是经济、军事、科技等硬实力的竞争，实际上更是文化软实力的竞争，归根结底则是人才之争、教育之争。教育强则国家强。从全球范围看，综合国力强的国家往往都是教育强国，并且两者之间存在良性循环。随着我国综合国力的日益增长和国际地位的日益提高，我们当前的国情已经大大不同于"发展才是硬道理"的历史时期。改革开放四十年来，我国取得了举世瞩目的经济发展成就，但作为世界工厂，我们付出了大量的廉价劳动和一定的环境代价，这样的发展模式不具有长期的可持续性。随着我国经济进入转型期，对各个领域创新、创造能力的要求日益凸显。创新的源泉来自教育。而十多年前著名的"钱学森之问"[1]至今仍

---

[1] 2005 年，温家宝总理看望钱学森先生时，钱老感慨道："这么多年培养的学生，还没有哪一个的学术成就能够跟民国时期培养的大师相比。为什么我们的学校总是培养不出杰出的人才呢？"（引自"人民网"：http://bbs1.people.com.cn/post/1/0/1/166766494.html）

旧是教育界的一个艰深命题，有待所有教育者、教育研究者乃至社会各界共同破解。

自党的十八大以来，习近平总书记逐步提出了中华民族伟大复兴的中国梦，通过政治、经济、文化、社会、生态文明等五位一体建设，实现国家富强、民族振兴、人民幸福的伟大梦想。全方位的国家建设有赖于大批的优秀人才，而要提高人才培养的质量，则需要有高素质的教师队伍作为保障。

习总书记在多次考察、讲话、批示中不断强调教育事业和教师职业的重要性，不断倡导尊师重教的观念。2013 年 9 月 9 日，习总书记在致全国广大教师的慰问信中表示，"教师是立教之本、兴教之源，承担着让每个孩子健康成长、办好人民满意教育的重任"，希望广大教师"树立终身学习理念，加强学习，拓宽视野，更新知识，不断提高业务能力和教育教学质量"。同月 25 日，在给联合国"教育第一"全球倡议行动一周年纪念活动的视频贺词中习主席说道，"中国有 2.6 亿名在校学生和 1500 万名教师，发展教育任务繁重。中国将坚持实施科教兴国战略，始终把教育摆在优先发展的战略位置"，要"努力让每个孩子享有受教育的机会，努力让 13 亿人民享有更好更公平的教育"。2014 年 9 月 9 日，习总书记看望北京师范大学师生时再次强调，"教育大计，教师为本。国家繁荣、民族振兴、教育发展，需要我们大力培养造就一支师德高尚、业务精湛、结构合理、充满活力的高素质专业化教师队伍，需要涌现一大批好老师"。2016 年 9 月 9 日，习总书记到北京市八一学校慰问师生时说道，"基础教育在国民教育体系中处于基础性、先导性地位，必须把握好定位，全面贯彻落实党的教育方针，从多方面采取措施，努力把我国基础教育越办越好。广大教师要做学生锤炼品格的引路人，做学生学习知识的引路人，做学生创新思维的引路人，做学生奉献祖国的引路人。"

教育在任何历史时期，对于任何国家民族的发展都是重要的，但却从未被如此强调，如此委以重任。中华民族正在走向伟大复兴。随着国家的强盛和旧有国际秩序的日益运转失灵，中国作为世界大国之一，也肩负重要的国际责任，应致力于推动国际新秩序的建立。伟大的时代呼唤优质的教育，教育变革的时代要求广大教师与时俱进。本研究的要旨即是探索如何帮助初中教师顺应时代，追求持续的专业发展。

二、学校发展的现实需求

新的时代呼吁更好的教育，虽说教育最终落实于师生，但师生却离不开学校的整体部署、培育和引领。除了前述时代背景之外，出于学校发展的现实需求，教师们也被期望不断追求专业发展，实现个人精进。培育教师专业共同体是学校发展的重要途径。

经验表明，优秀的学校是以学习为中心而非行政管理为中心的。学校正在从传统的权力自上而下的行政单位，转向相对扁平、相互学习、共同治理的学习共同体。McLaughlin（2001）[2]、Fullan（1991）[3]、王越英（2004）[4]、段晓明（2007）[5]等国内外众多学者提出将学校打造成一个教师专业共同体的观点，主张将教师发展、学习提升、领导力发展和校园文化培育统为一体。教师专业共同体可促进学校的平等管理。整个学校被视为一个大的教师专业共同体，有助于将"上下级关系"转变为"共同体成员"关系，教师共同体应该具有一定的自主性，缺少了自主性，教师共同体就容易成为科层制的一层，丧失教师共同体应有的主体地位，在学校管理过程中处于被管理的客体地位，与学校主体无法形成主体间的互动。要实现学校的愿景和目标，学校成员的合作和并肩奋斗更重要。教师们共同分担忧患、庆祝成功，教师专业共同体可以为学校发展和改革提供精神动源，这是一般的领导方式所不能实现的，它超越了典型的上下级关系，可以鼓励教师的参与、激发潜能。

[2] McLaughlin M W, Talbert J E.Professional Communities and the Work of High School Teaching[J]. History Teaching, 2001, 126（12）: 106-106.

[3] Fullan M. The New Meaning of Educational Change[J]. School Effectiveness and School Improvement, 1991, 2（04）: 336-343.

[4] 王越英. 打造学习共同体促教师专业发展 [J]. 上海教育科研, 2004, 03: 41-42.

[5] 段晓明. 学校变革视域下的专业学习共同体 [J]. 比较教育研究, 2007, 03: 74-78.

教师专业共同体将成为一种全新的学校变革方式，在全校范围内建设有效的教师专业共同体，将在学校引发全方位的改善。日本东京大学佐藤学教授提出：21世纪的学校是学习共同体的学校，并进一步指出，"所谓学习共同体的学校，是指这样的学校里不仅学生们互相学习、成长，作为教育专家的教师也相互学习、提高，家长和市民也参加学习、共同发展。"[6]（Manabu Sato，1997）我国教育部颁发的《义务教育学校校长专业标准》（教师〔2013〕3号）中指出，校长要认识到"教师是学校改革发展最宝贵的人力资源，要尊重、新任、团结和赏识每一位教师……校长是教师专业发展的第一责任人，将学校作为教师实现专业发展的主阵地。"可见，学校发展离不开教师发展，要求教师发展；同时，将学校打造为教师专业共同体，首先可促进教师发展，最终将实现学校的整体发展。

以上是有关学校发展与教师发展的理论论述，具有一定的泛化意义，对所有学校的发展具有启示，也为本研究的开展提供了理论上的依据。不仅如此，本文所研究的对象学校所面临的具体发展困境也成为教师专业共同体建设实践的重要动因。本研究立足于笔者所在的上海市J中学（以下简称"J中学"）开展多年的教师专业共同体实践探索。该校成立于1997年，隶属上海市C教育集团，是一所公办现代化初级中学，学校目前有56个教学班，在校学生约2200名，教职员工177人。教师专业共同体实践开始的直接动因是2004年的三校合并。南汇并入浦东新区之前，浦东区原有90所初中学校。为了加强全区的初中教育，整合教育资源，浦东新区社会发展局倡导实施了一系列并校活动，由强校带动弱校。在这一过程中，2004年9月，J中学周边基础相对薄弱的临川中学和陆洋学校的中学部被并入J中学。这三所学校在制度文化、师资水平、教师的工作与生活状态、生源质量与结构等各方面均存在较大差异。如何促进三校全体教师的共同发展，提升弱势校区的教学质量，最终消除三校在各方面的巨大差距，从而能够步调一致、真正融合，这成为并校之初所面临的一大难题。

---

[6]　佐藤学.学校的挑战：构建学习共同体[M].上海：华东师范大学出版社，2010.

这是开展本研究的学校发展现实需求方面的重要背景。

三、教师成长的内在需求

魏忠在其《静悄悄的教育变革——创造的思维半径》[7]一书中提出了"教师是阻碍教育进步的最大力量"的惊人言论，批判教师群体故步自封的反创新情愫。实则不然。事实上，教师本身作为一个社会人，如同大多数其他人一样有着追求上进的内在需求；作为一个教育者，身处不断变化的教育情境中，则有着不断顺应变化以求适者生存的本能和渴望（魏忠，2017）。

美国著名行为科学家、管理理论奠基人之一道 Jacobs（2004）[8]曾提出了著名的人性假设，即 X 理论—Y 理论。X 理论对人性的假设大致为：大多数人都是懒惰的，视工作为负担，因而会尽可能地逃避工作；他们没有事业心，不愿承担责任，甘愿被领导；他们的个人目标总是与组织目标相悖；他们缺乏理智和自制，从众且安于现状；他们为生理和安全需求所左右，追求经济利益最大化，且短视。Y 理论则与之相反，认为大多数人可以从工作本身获得满足，能够自我管理和控制，能将个人目标与组织目标合一，在适当条件下愿意主动寻求责任等等。对人性假设不同的管理者，将采用不同的管理策略（如严加管制或放任自主）；也可以说，对于不同的群体，应采取不同的管理策略。应该说，以上描述只是人性的两个极端，大多数人都处在两端构成的连续体的某个位置上。我们有理由相信，教师们要么偏向 Y 端，要么在适当的组织引导下会不断接近 Y 端。

美国著名心理学家 Maslow 在《人类动机理论》[9]一文中论述了人类需求的五级阶梯，从低到高依次是生理需求、安全需求、社交需求、尊重需求和自我

[7] 魏忠.静悄悄的教育变革：创造的思维半径 [M].上海：华东师范大学出版，2017.

[8] Jacobs R B D. Book Review Essay: Douglas Mcgregor: The Human Side of Enterprise in Peril[J]. Academy of Management Review, 2004, 29（02）: 293-296.

[9] Abraham H. A theory of human motivation [J]. Psychological Review, 1943, 50（04）: 370-396.

实现需求。其基本假设是：只有低层次的需求得到较好的满足时，人们才会寻求更高层级上的需求；换言之，当低层次需求得到满足时，人们会继而追求更高层次上的满足（Maslow，1943）。整体而言，教师与其他社会职业相比，具有稳定性，基本超越了丰衣足食的生理和安全需求。他们多数具有无私奉献的精神，相比追求经济利益，更加注重是否受人尊敬与认可，因而更愿意主动发展个人专业能力，以使学生受益，并得到同行和学校的认可。

此外，现代社会的进步日新月异。信息技术与教育技术领域的飞速发展也使教育发生着史无前例的变革。教育价值的多元化，教育范式的多样化，教育场域的泛在化等等这一系列的变化都在不断改变和拓展着教育的内涵。那么，教育这门古老的学问在全面变革的时代中该如何嬗变？是否有些东西是亘古不变的（即教育的本质为何）？互联网时代开放的学习方式和资源是否日渐模糊了师生间的界限？教师不再是独占知识的权威，其在教学中应扮演怎样的角色？翻转课堂、慕课、微课、私播课等层出不穷的教学模式与形态对传统教学有何影响，教师应如何应对？随着人工智能技术的发展，是否会出现"全能"的超级机器人智能教师？在全民创新的时代教师应当如何自我发展以顺应时代？这些问题无一不在不断地鞭策老师们探索、学习、进步。

然而，身处变革的时代，面对复杂的教学情境，教师个人孤军奋战往往难以应对，特别是难以保持持续的动力。事实上，在教师教育领域，教师专业发展已从最初的个体化的努力转向了教师作为学习者的共同体。教师专业共同体产生于20世纪80年代美国的教师教育改革运动。1997年，美国西南教育发展研究中心（SEDL）首先发表了关于教师专业共同体的描述和介绍专业。教师专业共同体是由具有共同理念的管理者与教师构成的团队，他们致力于促进学生的学习，作为一种组织形式，教师专业共同体被认为是促进教职工发展的有力途径，并成为学校变革与发展的有效策略。2004年7月，国际教育教学委员会大会的主题就是"教师即学习者：构建专业发展的共同体"。将教师发展置于共同体框架，成为当前教师专业发展的主流范式。

Phillips（2003）[10]、Hernandez（2003）[11]、Rousseau（2004）[12]等大量学者研究表明，教师专业共同体是促进教师专业发展的有效途径。吴文胜（2006）[13]总结了教师专业共同体的四大功能：将个人知识转化为公共知识；提升教师的实践智慧；提高教师的合作意识和能力；建立促进教师合作发展的学校文化。实践经验表明，教师专业共同体可提升教师自主性，生成教师学习的动态环境，构筑教师间互动合作的生成性教育资源。教学工作极为复杂，具有独特性和生成性，在教学过程中，随时可能遇到不可预知的困难和窘境。不同教师在知识结构、智能水平、思维方式以及认知风格等方面上都存在差异，在共同体中教师可以提出自己的教学困境，共同探讨如何应对。在此过程中，教师们可以分享与整合彼此的知识、经验、教育观念和方式方法，相互促进。

[10] Phillips J. Powerful Learning: Creating Learning Communities in Urban School Reform[J]. Journal of Curriculum and Supervision, 2003, 12（3）: 240-258.

[11] Hernandez V M, Brendefur J L. Developing Authentic, Integrated, Standards-Based Mathematics Curriculum:（More Than Just）An Interdisciplinary Collaborative Approach[J]. Journal of Vocational Education Research, 2003, 28（03）: 259-283.

[12] Rousseau C K. Shared beliefs, conflict, and a retreat from reform: The story of a professional community of high school mathematics teachers[J]. Teaching and Teacher Education, 2004, 20（08）: 783-796.

[13] 吴文胜. 共同体：教师合作文化的有效组织 [J]. 杭州师范学院学报，2006，03: 147-148.

第二节　内涵演变

本节阐述了"共同体"和"教师专业共同体"相关概念的内涵演变过程。

一、共同体的内涵

1. 共同体（community）

在线《汉语大辞典》"汉辞网"对共同体（community）的解释有二：一是指"人们在共同条件下结成的集体"，二是指"由若干国家在某一方面组成的集体组织"。牛津词典对与共同体对应的community词条进行了更为详尽的解释，如下表1-1。

表1-1　牛津词典"community"词条释义

释义	细分释义	举例
1.［一群居住在一起并且具有一定共性的人们］	1.1 一群居住在一起并且享有共同所有权的人们	同一修道院的一群修女
	1.2 某一地区及其居住者	乡村社区、地方社区
	1.3 因共同利益而结成的国家联合组织	欧共体
	1.4 ［定语］指为某一地区的人们服务的人力或资源	社区卫生服务
2.［集合名词］拥有共同属性或利益的状态	2.1 某一相似点或身份	雇主与员工
	2.2 共同的所有权和债务	货物的共有

3.［生态学］在同一区域共同生长或居住的、互相依赖的植物或动物种群	食虫类鸟群

由上述可见，共同体既可以指群体的主体本身（如人或动植物），也可以指群体所在的地理场所（如某一社区），还可以指群体的组织属性（如欧共体），甚至可指群体共性、群体身份、集体感、公共精神等更为抽象的含义。

实际上，这些不同的概念内涵在许多现实情境中是融为一体、不可分割的。比如：某一群体（主体性）因为地理上的近距离聚居而成为社区（地域），久之便形成了一些共同的文化、制度、规约习俗、生活方式等（群体共性），群体成员之间互动互助、互相依赖，产生情感关联，在群体中构建个人身份并产生集体归属感、发展集体精神等等。因此，共同体概念的完整内涵应是团体组织、主体、社区等具体含义与团体制度、文化、精神等抽象意义的总和。并且，抽象意义的部分才是共同体建设的精髓所在。就此而言，为了某一目标，将一群利益攸关者联合起来组成一个联合体，仅具备了一个共同体的形式意义（名义上的共同体），还不能称之为真正的共同体。"当代意义共同体的形成必须经过一个逐步建构的过程。也就是说，一个有明晰边界的社区、组织或其他类型的团体，不一定就能形成共同体的精神与实践"[14]（张志旻等，2013）。

须指出的是，共同体还具有"社会"这一泛指含义。实际上，共同体的概念正是从"社会"一词中逐渐剥离出来的。学界通常认为，这一剥离的发生以德国社会学家费迪南德·滕尼斯《共同体与社会》一书的出版为标志。在该书中，滕尼斯描绘了基于共同情感和亲密关系的、富有人情味并具排他性的生活共同体。这种生活共同体主要是以血缘、感情和伦理团结为纽带自然生长起来的，其基本形式包括亲属（血缘共同体）、邻里（地缘共同体）和友谊（精神共同体）。

以上是共同体最原始的概念内涵。过去的一百多年来，随着共同体内涵不断发生演变，学界先后提出了90多种不同的定义。张志旻等对有关概念进行了

---

[14] 张志旻，赵世奎等.共同体的界定、内涵及其生成：共同体研究综述 [J].科学与科学技术管理，2010，31（10）：14-20.

梳理，并指出：随着社会的不断发展，特别是全球化和现代通讯与交通的发展，共同体的发展逐渐突破了传统的血缘与地域的限制，原始意义上的共同体概念不断瓦解，与此同时，这一概念又不断被置于新的语境中加以重构。因此，要对所谓"共同体"加以界定，须将其置于具体语境之中，如学习共同体、科学共同体、实践共同体等。

2. 学习共同体（Learning Community）

学习共同体的实践最早开始于 20 世纪 80 年代的美国。常青州立学院（Evergreen State College）被广泛认为是学习共同体实践的先驱[15]，该校于 1984 年成立了一个校际学习共同体，次年又成立了提高本科教育质量华盛顿中心，关注合作教育方法，并将建立学习共同体作为中心的主要活动之一（Cathy，2000）。

最初的共同体实践未引起学界的关注，因为在此前相当长的一段时间内，在行为主义与认知主义学习观的主导下，学习者个体一直被认为是教学对象的基本单位以及教学研究的焦点[16]，学习的过程即知识从一个个体（教师）向另一个体（学生）单向迁移的过程（Roth，2006）。后来，Lave（1988）[17]、Wenger（1998）[18] 等研究的影响，教育实践与研究者们开始认识到，学习不是一种孤立的个体行为，而是个体在各种共同体中所进行的文化实践活动。在学习共同体中，应通过适当的学习与教学设计，鼓励和引导学生们互相分享他们各自学习数学、历史、科学等的方式，让学生参与到共识域建构与意义协商中。从 80 年代末到整个 90 年代，学习共同体的做法在美国各大高校逐渐流行起

[15] Cathy M E. Learning better together: The impact of learning communities on student success in higher education[J]. Journal of Institutional Research，2000，1（02）：48-53.

[16] Roth W M，Lee Y J.Contradictions in theorizing and implementing communities in education[J]. Educational Research Review，2006，1（01）：27-40.

[17] Lave，J. Cognition in practice：mind，mathematics，and culture in everyday life[J]. Contemporary Sociology，1988，19（01）：214.

[18] Wenger E. Communities of practice: Learning as a social system [J]. Systems Thinker，1998，7（05）：1-10.

来[19]（Smith，2001）。

随着学习共同体实践形式的日益灵活多样，有学者开始对其展开理论探索，尝试划定概念边界（什么样的实践项目算是学习共同体，什么样的不算？），归纳学习共同体活动的共性和必备要素。Brower & Dettinger（1998）[20] 提出了一个检验学习共同体的金字塔模型（参见图1-1），并用四所大学的四个不同类型的学习共同体案例验证了该模型的有用性。

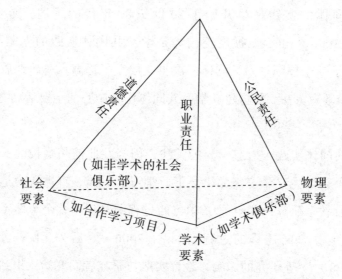

图1-1　学习共同体金字塔模型（Brower & Dettinger，1998）

根据该模型，一个学习共同体必须包含以下三种要素：一是学术要素，即学生所要学习的科目知识；二是社会要素，即学生之间以及有关教职员工之间的人际关系；三是物理要素，即共同体成员见面的地点及活动所需的设施。要建立一个有效的学习共同体，须根据共同体的培养目标来适当配置这些要素。框架中列出了除广博的知识面和综合思维能力之外大学教育还应着重培养学生的三个方面：职业责任，即学生在其未来工作生活中如何表现；道德责任，即

[19]　Smith B L.Challenge of learning communities as a growing national movement[J]. Peer Review，2001，4（01）：4-8.

[20]　Brower A M，Dettinger K M.What is a learning community？ Toward a comprehensive model[J]. About Campus，1998，3（05）：15-21.

学生的是非观与行事原则；公民责任，即学生如何对待别人，如何融入集体和社会。

Brower & Dettinger（1998）还总结了大多数学习共同体的共同特征：

（1）发展集体身份认同：所有参与者都视彼此为学习者，尊重每一个人的贡献，参与者之间既非完全独立也非完全依赖的关系；（2）提供设施与场所：供参与者会面并参与有效学习活动；（3）创设支持性的学习环境：能够不断吸引新人，并帮助他们融入共同体学习（而非排斥后来者的封闭环境）；（4）创造融合学生社会与学术经历的学习体验：使其能够将个人兴趣带入到学术学习中，并将学术学习结果用于个人生活与社会活动；（5）建立跨学科的连接：要认识到，尽管认知方式可能因学科而异，知识和概念却是相通的；（6）要创设学习情境，发展学生的复杂思维能力（包括发散性思维、灵活思维、批判性思维）、社会认知、创造性以及元认知；（7）持续评估过程与结果并适时做出调整：随着新成员的加入，学习共同体也在不断演变，因此需要不断评估学习的过程与成效，以确保最终实现预期目标。

以上论述对本研究具有重要的参考价值。一方面，本文的教师专业共同体中，教师的主要角色之一是合作学习者，因此教师专业共同体本质上也是一种学习共同体，应具备学习共同体的基本要素和共性特征。另一方面，尽管学习共同体概念最初着眼于学生的学习，但其理念后来也广泛应用于教师发展领域。在CSSCI 核心期刊数据库中，设定时间为 1980—2018 年，搜索篇名包含"学习共同体"的论文得到 2920 个结果，这些文章的关键词除"学习共同体"之外其余合计 1869 个，其中 38.6%（722）聚焦教师发展（如：教师专业、教师教育、高校教师等），51.4%（960）聚焦学生学习（如学习者、学习过程、课堂、学习模式等），其余 10% 无法判断是学生还是教师视角（如网络、实践、建构等）。

由于学习共同体实践在学界被同时用于学生学习和教师发展两个领域，考虑到用于前者的研究明显多于后者，"学习"一词与"学生"的联系较之与教师更为紧密，且教师发展领域已有"教师共同体""教师教育共同体""教师专业发展共同体"等多个近义概念表达有关实践，建议学界在这些术语使用上逐步划清界限，避免概念混用，以"学习共同体"专指学生学习，而教师发展实践的名称中须冠以"教师"主体，免用易产生歧义的"学习"字样。

在上述前提下，本研究所指的教师专业共同体与学习共同体的概念具有明显的区别：在本文中，学习共同体专指学校课程框架之下，彼此熟识的某一学科（或班级）的学生，通过合作、分享与交流共同完成某一学习任务、获得特定的知识或技能，其学习活动较为集中，地点相对局限、固定（多为所在学校的教室、图书馆等，当然也可能是在线讨论），持续时间往往不会跨越学期或学年，共同体组织是短期而紧密的。与此相对，本文的教师专业共同体并非针对某一学科或某一学校的少数教师（如同一个行政班的学生），参与对象是跨学科的。共同体规模远远大于通常意义上的学习共同体，许多成员之间可能互相不认识，虽具有与团队共成长的共同目标，但所谓团队不仅指整个大的共同体，更多是指共同体内部学校、学科、班组等不同层面上的团队，组织形式因层次不同而呈现松散与紧密的结合，活动地点灵活多样、不固定。此外，共同体教师们的成长是长期的，而非针对某一短期目标的一次性或短期合作，因此共同体建设的目标也非完成教师发展中的某一特定任务，而是打造一种长效机制，能够帮助教师们实现长期、持续的专业发展。这些区别可简单总结为表1-2。

表1-2　学习共同体与教师专业共同体的主要区别

	学习共同体	教师专业共同体
对象	学生或／和教师	教师
规模	相对较小（如班级）	相对较大（多校、全学科教师联合）
目标	简单具体（完成学习任务、获得知识技能）	复杂多样（个体职业能力发展、团队打造、长效机制建立）
身份关系	平等的共同学习者	共同学习者、（老对新或优秀对后进者的）传帮带、组织制度共同制定者、管理与被管理、互相监督等
地点	相对局限、固定	范围广、灵活多样、不固定
组织层次	单层	多层

组织结构	紧密	松散
存续时间	短（数周或学期）	长（多年）

3. 实践共同体（Community of Practice）

"实践共同体"最初由 Lave & Wenger（1991）于 1991 年在其《情境学习：合法的边缘性参与》[21] 一书中提出。而前述的"学习共同体"概念也被认为出自同一篇文献。实际上，两个概念在最初是混用的，均强调学习的发生是个体在某一社会情境中参与共同实践的结果（而非信息的单向传输和被动接受）。后来这两个概念逐渐从同一理念中分化出来，学习共同体更多用来指代教育情境中以小组学习和情景设置为特征的学习设计，及由此形成的学习者在其中交互合作、共同完成学习任务、获得学习结果的共同体；而实践共同体则被用来指代更广泛领域里的共同学习活动，如"组织设计、政府管理、教育、专业发展联合组织、项目发展及市民的生活"等 [22]（张平，2009）。

Wenger（1991）[23] 从商业与组织行为的视角阐述了实践共同体的概念内涵、产生发展的过程及培育机制。一个人作为某一组织的一员，为解决组织实践中的复杂问题，往往要与多方人员保持长期的互动互助关系，借助多方的智慧、知识与专业技能。如此，这些人员便形成了非正式的、不同于正式组织单位的实践共同体（community of practice）。这一共同体是人们在共事过程中自发而成的，通过共同参与活动并互相学习得以维系。

实践共同体无处不在，成员身份取决于其参与共同实践，而非其正式身份。以企业组织为例，实践共同体既可能发生在部门内部，也可以是跨部门，甚至是跨公司的，其发生发展均具有自发性。尽管实践共同体具有自发性和自我组

---

[21]　Lave J，Wenger E. Situated Learning: Legitimate Peripheral Participation[J]. Applied Cognitive Psychology，1991，29（02）：138.

[22]　张平，朱鹏. 教师实践共同体：教师专业发展的新视角 [J]. 教师教育研究，2009，34（2）：56-60.

[23]　Wenger E. Communities of practice: Learning as a social system [J]. Systems Thinker，1998，7（05）：1-10.

织性，但这并不意味着无法通过人为的努力对其加以培育。事实上，由于认识到实践共同体发挥团队成员协同作用的巨大潜力，不同领域的组织均开始探索通过建立共同体来促进个人和组织的共同发展，其中实践最为活跃的领域之一便是教师发展。教师实践共同体被普遍认为是教师发展的新视角、新方法、新视野（张平，2012；张平、朱鹏，2009；徐斌艳，2010；李利，2004；李子建、邱德峰，2016 等）。例如，李利（2004）以叙事探究的方法分析了教师实践共同体中的互动对职前教师实践性知识发展的影响；徐斌艳（2010）[24] 以上海浦东新区的名师培养基地的实践为例，论述了教师实践共同体对教师发展的促进作用。

相比以学生为主要对象，以微观课堂教学设计为主要内容的学习共同体，实践共同体概念更接近于本研究的教师专业共同体概念，两者同为共同实践团体，主要区别在于：

首先，尽管实践共同体本身超出教育学科的范畴，教师仅为多种实践主体中的一个，但根据已有文献，教师实践共同体基本采取教育学视角，其形式多为活动和目标具体单一、存续期有限的教师发展组织或项目，活动设计多围绕教师的教学知识与技能等具体目标展开；与之相对，本文的教师专业共同体采取教师教育与组织行为的双重视角，活动更为灵活多样，目标更为宏观和远期。

其次，现有教师实践共同体完全抛弃了实践共同体原本的自发性，本质上是一种教师培训组织或项目，其假定前提是所有成员均具有追求专业发展的愿望（或者采取自愿加入的原则选出有意愿的对象），焦点不在于激励无意发展的教师，而在于如何支持本身便有发展意愿的教师；与之相对，本文的教师专业共同体虽同采取有意识培育的途径，但最终目标是建立一种长效机制，在这一机制中，教师们可以自发地形成多种实践共同体，而且"一个都不能少"——不是仅帮助部分有进取心的教师更上一层楼，而是激发全体教师专业发展的积

---

[24] 徐斌艳. 名师培养基地专业特征研究：基于教师实践共同体的视角 [J]. 教育发展研究，2010，30（24）：56-60.

极性，培养其团队意识，帮助其与团队共成长。

二、教师专业共同体的内涵

国内外学界对以教师发展为主旨的共同体实践进行了充分的讨论与研究，既可纳入前述三个概念的框架之下，亦有更多专指教师主体的名称，其中国内外共同使用教师共同体（teacher community）、专业共同体（professional community）、教师学习共同体（teacher learning community）、专业学习共同体（professional learning community）等概念；国内还有更多独有的概念，其对应的英文在国外很少使用，现举几例：

*教师教育共同体，参见朱元春（2008），张增田、赵庆来（2012），孟繁华、张景斌（2016），王天晓（2017）等；

*教师发展共同体，参见林青松（2014）等；

*教师专业学习共同体，参见孙元涛（2011），陈晓端、龙宝新（2012），崔迪、姚伟（2017），张佳（2017）等；

*教师协同学习共同体，参见王淑莲、金建生（2017），金建生、王淑莲（2017），侯清珺、郝少毅（2017）等；

*教师专业发展共同体，参见夏蓓蓓（2015），郭燕、徐锦芬（2015）等。

尽管总体而言，上述概念具有相似内核，均指多个教师组成共同体协同发展的实践，但不同概念的侧重有所不同，甚至对于同一概念，不同作者也有不同的理解。例如：Little（2003）[25]指出，教师共同体不等于教师学习共同体，前者可能是崇尚传统的，成员相互合作，共同来强化传统做法（reinforce traditions）；只有教师们相互协作来创新实践（reinvent practice）进而共同实

---

[25]　Little J W. Teachers professional development in the context of high school reform: Findings from a three-year study of restructuring schools[J]. Education and Urban Society.2003，27（03）：274-293.

现职业成长才能称为教师学习共同体。然而，郑葳和李芒（2007）[26]直接将"教师共同体"定义为"以不断提高教学质量、提升教师个人的专业技能为目的的同事合作小组"，等同于利特尔的教师学习共同体概念。

[26]　郑葳，李芒.学习共同体及其生成 [J].全球教育展望，2007，04：57-62.

第三节　概念界定

本节拟对"共同体"相关概念的基础上，对本研究的核心概念"教师专业共同体"进行界定。

一、共同体

共同体（community）一词起源于拉丁语的 Communitas，意指由一群相互平等的人们组成的松散的团体，亦指人人自由平等的共同体精神与公共精神（public spirit）[27]（Turner，1975）。这一概念在我们的社会生活中使用十分广泛，如区域共同体、政治共同体、经济共同体、学术共同体、学习共同体、文化共同体、行业共同体、职业共同体等。其在不同的学科和语境下具有不同的含义。

尽管共同体在不同语境中的内涵有所不同，总体而言，共同体的生成离不开三个基本要素：一是共同的目标（生成的前提），二是成员的身份认同（生成的基础），三是成员在群体中的归属感（维系的纽带）。

二、教师专业共同体

本文现借用部分专家观点来阐述本文教师专业共同体的内涵。Seashore

---

[27]　Turner V. Dramas，Fields，and Metaphors: Symbolic Action in Human Society[J]. Cornell University Press，1975，14（01）：67.

（2003）等人[28]在使用"专业学习共同体（professional learning community）"概念时指出，这一概念不是仅关注教师具体的分享行为，而是在全校范围内创造一种人人期待合作、参与合作、真正合作、持续合作的文化，合作的焦点在于批判性地检验现有实践以改善学生的学习结果。这一做法的前提假设是，教师在教室之外的协作行为与其课堂教学同等重要，共同影响学校发展、教师专业发展和学生的学习。这一表述与本文研究的主旨十分接近。然而，此前有学者[29]指出"专业学习共同体"概念中的"学习"二字没有必要（McLaughlin & Talbert，2001），因为此概念的核心不在"学习"，而在"共同体"；加之前述学习共同体概念的学生指向，笔者决定略去学习二字，增补教师主体，采用"教师专业共同体"这一概念作为本文的核心概念，解释如下：

首先，"专业"指专业发展，是目的；"共同体"即多人联合体，是概念之核心：在教师专业共同体中，焦点不是教师个体独立进行的专业发展，而是在一个共同体中的专业发展，强调教师间的交互、合作、互相影响。Westheimer（1999）[30]提出了学界广泛认可的专业共同体五大特征，即共同信念与理解、互动与参与、互相依赖、尊重个体与小众观点、有意义的人际关系。可见，一个真正意义上的教师专业共同体，并非多名教师的简单的物理聚合，而是他们经过一定的"化学反应"形成有共同目标、共同行为标准、信念和价值观的，能够密切合作、共同追求专业发展的团体。

其次，要界定"教师"的范围。须注意的是，专业发展（即教师的专业知识与技能的发展）具有个人指向，涉及教师个人的绩效考核制度问题；而共同体则是集体指向，涉及对教师个体行为的约束问题。无论从哪一个角度出发，

[28] Seashore K R，Anderson A R，et al. Implementing arts for academic achievement: The impact of mental models，professional community and interdisciplinary teaming[J].Center for Applied Research& Educational Improvement，2003，3（02）：241-264.

[29] McLaughlin M W，Talbert J E. Professional Communities and the Work of High School Teaching[J]. History Teacher，2001，126（12）：106-106.

[30] Westheimer J. Communities and consequences: An inquiry into ideology and practice in teachers' professional work[J]. Educational Administration Quarterly，1999，35（01）：71-105.

都应将某一单位的全体（而非选拔部分）教师纳入共同体框架。McLaughlin 和 Talbert（2001）[31] 研究的 16 所学校中都存在或强或弱的院系教师学习共同体，其中 3 所学校形成了全校范围（school-wide）的共同体。Fullan（2001）[32] 指出，学校应当培育专业发展合作文化，且将焦点从教师个人发展（如绩效工资、职业阶梯等）转移到学校整体发展上来。所谓教师专业共同体，即是把整个学校打造成一个共同体。那么"整个学校"又指谁呢？是包括学校全体员工，还是仅指教师队伍？文献表明，大多数相关研究中均以教师（包括学校领导）作为共同体成员，不包含与教学不直接相关的行政人员 [33]（Stoll et al，2002），除非涉及低龄儿童或大量特殊教育学生群体，其他人员的角色也和教师同样关键 [34]（Louis & Gordon，2005）。笔者同意上述观点，本文中的教师专业共同体，其主要成员也是有关学校的全体教师，加之与教学和教师发展活动密切相关的学校领导，不包含一般行政管理人员。

综上所述，本书中的"教师专业共同体"是由某一学校全体教师组成的，具有共同的目标愿景，在长期密切的交互合作中共同追求教师专业发展的动态组织。尽管从字面上看，教师专业共同体是一个静态的组织或群体，但实际上它却是一个需要不断培育和发展的有机体，只有通过合理的顶层设计、恰当的制度规约、有力的组织引导来激发足够的主体参与和交互，形成人人期待合作并持续参与合作的文化，才能激活其内在生命力。在这一有机体中，所有成员教师有着共同的目标、对于共同体成员这一身份有着明确的身份认同，能在共同体中建立多重交互的有意义的人际关系进而获得集体归属感，能在交互中取

[31]　McLaughlin M W，Talbert J E. Professional Communities and the Work of High School Teaching[M]. Chicago: University of Chicago Press，2001.

[32]　Fullan M. The New Meaning of Educational Change[M].New York and London: Teachers College Press and Routledge Falmer，2001.

[33]　Stoll L，Bolam R，et al.Professional learning communities: A review of the literature[J].Journal of Educational Change，2006，7（04）：221-258.

[34]　Louis K S，Gordon，M F. Aligning Student Support with Achievement Goals: The Secondary Principal's Guide[J].Corwin Press，2005，12（02）：168.

得专业发展进而获得成就感，最终能够认可制度、响应领导、带动他人，从而形成良性循环，实现教师个人与教师共同体的共同成长。

而将教师专业共同体界定在"初中"范围内具有一定研究意义。其一，基础教育阶段的教师发展共同体建设已经在全国范围内得以开展，并在学界受到一定的关注。但从已有的研究成果来看，初中教师专业共同体建设的开展远未普及，远未与我国的学校和教师群体规模相适应。其二，目前的初中教师专业共同体实践多由教师发展研究专家或学校的学科教研骨干主导，在着力打造共同体的过程中，受到诸多的局限，许多问题（比如政策支持、奖惩机制等）只能从学术视角加以探讨或呼吁，无法落实。关注点应从教师教育活动和教研组文化等微观问题转向促进全体教师共同追求专业发展的长效机制这一宏观问题。

第四节　主要问题

本节从教师个人、教师发展组织以及激励制度等维度阐述我国初中教师专业共同体建设面临的问题。

一、教师个人专业发展动力不足

教师共同体归根结底是由教师个体组成，共同体建设的目标也在于促进成员教师的持续的专业发展。然而，一个学校要发展成为囊括全体教师的共同体，面临的首要问题就是：并非所有教师都有持续追求个人发展的动力，甚至可能大多数教师的专业发展动力都不足。

众所周知，人们做事的动力来源可以分为内在动机和外在动机两大类。如果对某事具有足够的内在动机，那么做事情本身的过程中便可获得成就感和情绪上的满足感，不需要外在的奖赏或压力来激发行为。而外部动机，则是由外部环境和外来力量而引发的动机，若出于外部动机而选择做某事，或是迫于压力不得已而为之，或是为了外在的潜在益处而为之，并非出于对此事本身的热爱。那么初中教师群体在专业发展中的内在动机和外在动机情况如何呢？

1. 教师个人专业发展的内在动机不足

教师同其他职业一样，对很多人来说，只是一份工作。试问有多少人热爱工作如同热爱自己的兴趣爱好那样，愿意不计成本、不计回报地去投入呢？胡艳（2013）[35] 对北京市某区 2035 名中学教师（其中 563 人为教研组长）的问

---

[35]　胡艳 . 专业学习共同体视角下的教研组建设：以北京市某区中学教研组为例 [J]. 教育研究，2013，34（10）：37-43.

卷调查显示：仅有不足一半（46.9%）的教师表示比较喜欢自己的工作；教师们对教师职业的认可度不高，调查采用 1 至 6 分的六级量表，满分 6 分，两千余名教师对职业认可度的均值低至 3.10，如果有机会和可能自由选择职业，仅有 36.3% 的教师表示愿意继续从教；仅有 35% 的教师表示可以从工作中得到满足，教师们对工作的满意度均值仅为 3.27。

笔者曾于 2007 年对上海某区 5 所中学的 139 名教师进行了调查，并对部分教师进行了访谈。调查对象中男教师 40 名，女教师 98 名；二级、一级和高级教师分别为 55、70、14 名；教龄 5 年以下的青年教师 26 名（占比 18.7%），6—10 年的教师 31 名（占比 22.3%），11—20 年的教师 49 名（占比 35.3%），20 年以上的教师 33 名（占比 23.7%）。调查样本具有较好的代表性。

调查显示：有将近半数（65 名，占比 46.76%）的教师表示自己的职业定位为"生存型"，认为从事教育教学工作与社会上的其他职业无异，都是出于"养家糊口的谋生需求"；另有 40 名教师（28.78%）将教书育人视为自己的人生事业，在教育工作中能够获得满足感和成就感，属于享受型的职业定位；仅有 34 名教师（24.46%）属于"发展型"职业定位，视教师职业为"自我实现的生命追求"。尽管该数据相比胡艳（2013）的数据略显乐观，但从中可见，有一定内在动力、有望主动追求个人专业发展的教师仅占 1/4 不到。

在该调查中，关于教师个人专业发展最高目标的选择比例由高到低依次是：做合格教师，能胜任教育教学工作（39.13%）、成为校特色教师（18.38%）、成为区学科骨干教师或学科带头人，做教学能手（17.98%）、随心随缘，不做强求（11.26%）、成为特级教师或学者型教师，引领学科发展（9.49%）、成为校级或中层管理者，发挥领导才能（3.75%）。有高达四成的教师将做一个"合格"的教师作为自己的"最高"发展目标，另有超过一成的教师（11.26%）完全没有任何专业发展目标，对自己不做强求，随遇而安。

关于教师专业发展和学习的必要性，多数（71/139，51.08%）教师认为是出于"适应课程改革"这样的短期、外在的环境变化的需要，19.32% 的教师期望能够通过参加学习而解决教学中出现的实际困难，出于"个人发展提高"这样的内在需求的仅占 17.8％，另有超过一成（11.8％）的教师认为教师专业发展和学习只是搞"形式"，没有实际益处。这显示出教师对专业发展和学习的重要性认识以及个人发展的内在动力均严重不足。

以上结果从教师访谈中也得到了印证，现择几例：

"据我观察，我身边大部分老师也都和我差不多，也许刚开始踏上工作岗位的时候还满腔热情，时间久了就习以为常了。学生一批批地带下来，你会发现好的学生总归是好的，差的学生你拼了老命他差不多还是那样子，老师这个职业说起来崇高，其实也不是说真的都能改变世界。你认识到这一点，慢慢就会觉得当老师就是一份糊口的工作而已，和其他工作没什么两样。"

——教师 Z

"学习的必要性嘛想一想觉得总归是有的，学无止境嘛，我们也总是和学生这样说。但真正要落实的话，就觉得有点盲目，不知道该学些啥，好像觉得专业学了那么多年应付现在的工作也够用了，没怎么有迫切要学的动力。就像刚刚说的，我觉得能够把日常教学做好，学生还比较满意，就算是成功了。……要做好日常教学其实和一些讲座类的教师专业活动没多少关系的，除了比如出来了新的课程改革政策需要了解一下，其他的一些理论性的东西我总感觉华而不实，形式主义。"

——教师 X

北京、上海都是我国教育最发达的地区，然而这些调查数据看起来却十分不容乐观。那么试想一下，在全国四百多万名初中教师中，又有多少比例的教师对于教书育人具有高度的职业热情，能够在学生的点滴进步中得到成就感和满足感？也许会有相当多的老师们甘于奉献，热爱教书育人的工作，那么他们当中又有多少对于自身的学习和发展也抱有同样的热情呢？初中各学科的教学内容相对明确和固定，且有应试压力，多数教师凭借已有的知识和教学经验基本可以应付课堂教学。在这种情况下，许多传统的教师发展活动（如教学研讨、培训讲座等）可能很难引发教师的内在兴趣，而是成为一种负担。江西省某中学的黄老师在主持一个名师基地时承担教师网络培训的任务。在组织培训的过程中，他精心准备了培训内容和资源，结果对教师们的表现十分失望。他表示，教师们在培训中的种种消极表现折射出一个非常严重的问题，那就是"教师专业发展的动力严重不足"[36]（黄行福，2018）。而这种动力的不足主要是因为教师缺乏追求发展的内在需求和动机。

2. 教师个人专业发展的外在推动不力

正因为内在动机不足，目前的教师专业发展活动才不得不依靠外力的推动，主要是各种行政规定，例如不完成规定的培训就不能上岗，不能晋升职称、评先进等等。这就是教师专业发展的外在动机。

笔者对上海 139 名初中教师进行的调查显示，教师参加专业发展活动的动力主要来自"职称晋升或评优等学校考核要求"（47.1%）、"学校或团队的硬性行政规定"（37.8%）、"来自学校同事或团队同伴的压力（29.0%）"。分别仅有 15% 和 9.3% 表示参加专业发展活动能够"体验个人成长的乐趣"和"有助于改进工作，使学生受益"。可见，更多的外在动力来自于冷冰冰的行政规定，与"人"无关；同侪压力尽管某种程度上可以催人奋进，但毕竟是身不由己，可能是出于怕丢面子或拖团队后腿之类的考虑，并非真心要求学习进步。

这些外在的因素尽管对教师专业发展也能或多或少起到一些推动，但往往后劲不足，容易浮于表面。在这些外因的作用下，教师们也许不得不出现在培训现场，然而带着"迫不得已"的心态，教师们很难全身心地真正投入学习，而是各种应付。正如教师 Q 在访谈中所言，"尽管许多学校会明文规定要求老师们参与各类培训或者这样那样的活动，但我感觉这样的效果并不好。如果培训内容本身不能够吸引老师，教师们去过之后觉得没有收获、是浪费时间，那么就很尴尬了：去吧，浪费生命；不去吧，又违反学校规定。所以规矩一点的老师就一边守规矩一边不满，胆子大一点或者说不在乎领导面子的老师干脆就不去了。可以说，在教师发展方面，不从教师内心出发，不从内容上下功夫，

---

[36] 黄行福.教师专业发展：动力的审视 [EB/OL].（2014-07-28）[2018-05-02].http://www.jxteacher.com/hxf/column3257/fa58fc08-b42e-1103b62ff0bd9.html.

只靠行政外力来压肯定是行不通的。"也正如此，才会出现前文所述黄老师在名师基地培训中出现的结果："教师们提交的课程作业有的和教学内容毫无关系，有的是直接从互联网上下载的资料，有的只有一两句话甚至只有标题，没有内容"[37]，从中足见，外来的行政"高压"在激发教师发展动机方面收效甚微（黄行福，2018）。

究其原因：一是因为所谓的"压力"并未落到实处，仅强调教师们的身体在场而非全心投入。教师培训的效果到底如何？其教学观念和能力是否发生了积极改变？是否能够融入其真实的教学过程并使学生受益？教师们在培训中的所获是否以某种可视化的形式加以总结、呈现或展示，是否具有可持续性？在目前的教师发展实践中，对这些问题均重视不足。二是不论其专业能力发展与否，教师们实际上无须面对任何实质性的风险。风险是迫使人们行动的最强动力。而人们评估风险通常会考虑：如果我不这样，那么会有何种后果？发生这种后果的可能性有多少？大概何时会发生？假使一位教师的教学能力不足（实际上多数教师在入职时都已经具备了教学资格，经过了单位的人事筛选）且拒绝发展，那么他面临的风险不外乎被学生投诉，被同行或领导批评，不能得到额外奖励或升职机会等。实际上，这些风险要么是小概率事件，要么是后果不够严重，不足以促使教师奋进。最大的风险莫过于丢工作，而在目前我国的国情下，公立学校的教职基本是终身制的，只要不犯原则性错误，几乎不可能被开除。足够的职业安全感往往使教师们容易产生惰性，一些浮于表面的行政规定无法激发足够的教师发展动机。

综上所述，目前我国的初中教师群体比较普遍的心态是，既无近忧，也无远虑。就"近"而言，凭借已有的学科知识，应付课堂教学并不困难。即便略有不足，也几乎不会面临任何正面的批评和挑战，因为初中阶段的学生普遍对教师心存敬畏，同事和领导也往往选择以和为贵，何况教学优劣，见仁见智。

---

[37]　黄行福.教师专业发展：动力的审视[EB/OL].（2014-07-28）[2018-05-02].http://www.jxteacher.com/hxf/column3257/fa58fc08-b42e-1103b62ff0bd9.html.

就"远"而言，教师们没有失业风险。这些因素导致了初中教师个人专业发展动力不足。要建立有效的教师专业共同体，如何充分激发教师追求个人专业发展的内在和外在动机，这一问题是不容回避的。

二、教师专业发展活动组织不力

除教师自身发展动力不足之外，建设有效共同体面临的第二大问题是，目前已有的许多教师发展组织有名无实，学习和培训活动组织不力。总体而言，我国传统的基础教育教师专业发展活动大致可以分为三类：一是由国家组织的统一培训，如国培计划、教育部统一部署的课程改革培训等；二是区域教研，即各地区教育部门组织的教师专业发展活动，如名师基地、新教师培训、骨干教师培训等；三是校本教研，如学校层面的教师发展活动以及学科组、教研组、备课组等常规教研组织内部的相关活动。近年来，"以教育集团或校际联盟为组织构建校际间教研共同体"逐渐成为推进教师发展的路径之一[38]（张晓蕾、王英豪，2017），被视为国家级培训、区域教研和校本教研之外的"第四层教研系统"[39]（杜芳芳，2009）。

这些培训活动与教师组织对我国的初中教师发展起到了一定的促进作用，但也存在诸多的问题，分别讨论如下：

首先，国家级教育部门组织的统一培训通常是自上而下的，忽略教师的自主需求，常常流于形式，收效甚微。以"国培计划"为例：这是我国教育部和财政部于2010年开始推出的针对中小学教师（特别是农村教师）队伍的国家级培训计划。教育部选定了18家远程培训机构（包括9所高校，其中师范大学7所）向各地中小学骨干教师提供免费培训，旨在提高教师队伍的整体素质，推

---

[38]　张晓蕾，王英豪.从"合而不作"到"合作共赢"：对我国校际教研共同体中教师合作现状的探索性分析[J].教育发展研究，2017，37（24）：14-20.

[39]　杜芳芳.校际互动：学校优质与均衡发展的新思路[J].教育发展研究，2009，29（24）：48-53.

进义务教育的均衡发展。然而，在实际的计划实施中，许多基层的教师并不买账。金小签和邹乐（2016）[40]总结了国培计划落实不力的几大原因：一是培训机构独断专行，未能与县市教育部门和学校协同合作；二是培训课程的内容不接地气，忽视学员的需求；三是培训团队华而不实，重理论，轻实践；四是培训模式单一、守旧，将学员当作"容器"来灌输；五是培训对象遴选不严，随意更换、冒名顶替、缺勤等现象频发；六是培训质量考核流于形式。种种原因，造成培训计划雷声大、响应少；花费高，收效低；受训教师压力不大，动力不足。

其次，区域教研培训一方面同国家级培训一样，也是自上而下的行政推进，可视为国家级培训的延伸，因而通常也存在上述的种种问题；另一方面，为了覆盖区域内尽可能多的学校，培训模式通常是选拔性的，优中选优，重点培养，无法触及每一位教师。近十几年来各省市纷纷启动名师基地工程，如上海市的"双名工程"、江苏省的"浙派教育家发展共同体"、福建省的"中小学名师培养工程"等，其宗旨在于充分发挥一些具有先进教育思想和主张的名师的引领和示范作用，培养一批国家级、省市级的教育教学专家。张建（2015）[41]对名师基地模式寄予厚望，认为它解决了教师自主实践成长、师徒结对带教、专家培训指导等传统名师成长模式的问题与不足，可凭借"基地学校场域、多元的实践共同体成员[42]和问题情境与经验"为名师的专业成长提供支持。徐斌艳（2010）[43]也从教师实践共同体的视角总结了上海浦东新区名师基地的成功经验，肯定了其在促进教师专业发展方面的成效。然而，在认可该模式效果的同时，不得不认识到该模式效率低下和排他性的问题。一个典型的名师培养基地大约由 20 至 30 位成员构成，其中名师主持人 1—2 名，导师 10 名左右（特级教师、

---

[40] 金小签，邹乐.对"国培计划"教师动力不足原因及对策的思考 [J].江西教育，2016，36：6-7.

[41] 张建.名师基地培养模式之缘由、理念及路径 [J].教育研究，2015，36（04）：86-93.

[42] 注：多元的共同体成员主要指优秀教师（培养对象）、基地学校名师（主持人）、特级教师及大学专家学者（培训导师）等。

[43] 徐斌艳.名师培养基地专业特征研究：基于教师实践共同体的视角 [J].教育发展研究，2010，30（24）：56-60.

教研员、高校专家等），其余为学员。也就是说，要培养一定数量的名师，就要配备几乎同等数量的导师和主持人，而限于名师和导师资源的紧缺，只能选拔少量优秀教师重点培养，无法惠及某一学校或地区的所有教师。以上海的双名工程为例，其首期 23 个名师基地，动用数百名名师专家，培养学员共计 319 名；迄今为止已完成三期，共计培养名师不足 3000 人；而整个上海市的中小学教师有 12.03 万人[44]。照此计算，名师基地惠及对象仅占教师总数的 2.5％。在 2018 年 7 月刚刚启动的第四期双名工程教师"种子计划"的申报说明中明确表示，要优先选择"强校工程"实验学校中有潜力的优秀青年教师，确保每所实验学校不低于 5％的教师纳入计划。这种对学校和教师进行双重筛选的名师培养模式，显然是将有限的资源分配给强中之强者，不具有普惠性，对于许多普通学校、普通教师而言是可遇而不可求的。

再其次，学校内部的教师发展组织，如教研组等，经过多年的演化呈现出行政化倾向，无法有效促进教师专业发展。我国中小学教师的教研合作实践由来已久，早在 20 世纪 50 年代，各中小学校便开始普遍建立教研组，之后又陆续出现年级组、备课组、课题小组等各种校内组织。以教研组为例，其组织性质有待明晰，角色发挥受到诸多局限。"从我国制度化的教研组建立之日起，就把教研组置于一个性质不明的境地"[45]（胡艳，2013），尽管唯一一个有关教研组的政策文件《中学教学研究组工作条例（草案）》（教育部，1957）中明确说明，各级教研组织不是行政组织，但从学校的组织架构及教研组工作内容来看，它并非单纯的学习或教学组织，而是兼具一定行政职能的学校基层管理机构，教研组长也非单纯的专业领导者，其作为专业领导者的素质常常得不到教师的广泛认可，教师们的工作负荷重、工作积极性不高，这些因素都影响

---

[44] 数据来源：上海市教委（转引自：新浪教育 http://edu.sina.com.cn/l/2018-09-10/doc-ihiixyeu5551243.html）

[45] 胡艳.专业学习共同体视角下的教研组建设：以北京市某区中学教研组为例 [J].教育研究，2013，34（10）：37-43.

了教研组的功能发挥。张佳（2017）[46]结合已有文献，对教研组等校本教研组织所面临的困境与挑战进行了总结：一方面，"安排考试、传达学校指令等管理工作"职责使其日益沦为行政的附庸[47]（阴祖宝、倪胜利，2013）；另一方面，追求组内全体教师"在教学目的、教学进度和学生考试上的统一化和标准化"的做法严重挫伤了教师们的主动性与创造性[48]（潘涌，2010），加之"教研活动流于形式，尚未建立起真正的合作学习的文化"，教研的效果大打折扣[49]（刘明华、王必闩，2008）。

最后，校际教研的情况也不尽如人意，"存在良莠不齐、教师参与主动性不高、凝聚力不足等问题"[50]（包智强、吴伟昌，2013）。张晓蕾和王英豪（2017）[51]对我国西部某省某市的 837 名基础教育教师进行了问卷调查，以了解校际教研共同体中的教师合作现状。据称，该市自 2011 年起启动集团化办学，并划分区域成立教育集团，通过校际合作力求兼顾优质学校、普通学校及薄弱学校的共同发展。然而调查显示：只有约五分之一（22.70%）的教师真正实现了合作共赢的校际合作，有近五分之一（18.59%）的教师实现了零散的校际合作，其对专业合作仍"处于相互试探的状态，并未形成相互影响的人际联结和集体探究的合作意识"；约三分之一（31.34%）的教师处于"合而不作"的状态，对于跨校合作"被动接受、被动投入、被动参与"，仅仅出于行政压力而加入所谓的共同体中。此外，虽然该研究未深入分析有关事实的成因，但其调查数据显示，就不同学段而言，"初中教师的体验与小学和高中教师的体验相比存在

[46] 张佳.我国教师专业学习共同体发展现状的实证研究：以上海市中小学为例[J].基础教育，2017，14（05）：76-87.

[47] 阴祖宝，倪胜利.走向专业学习共同体的教研组变革[J].现代中小学教育，2013，08：54-57.

[48] 潘涌.论中小学教研组建设与学科带头人的使命[J].全球教育展望，2010，39（09）：9-82.

[49] 刘明华，王必闩.教研组建设现状及功能思考[J].上海教育科研，2008，04：47-48.

[50] 包智强，吴伟昌.校际教科研共同体：区域教科研的新范式[J].上海教育科研，2013，12：52-54.

[51] 张晓蕾，王英豪.从"合而不作"到"合作共赢"：对我国校际教研共同体中教师合作现状的探索性分析[J].教育发展研究，2017，24：14-20.

明显差距"。说明，初中教师在校际教研共同体中的表现尤其有待改善。就如何建立有效的初中教师专业共同体展开探究意义重大。

三、单位激励制度不健全

除个人发展动力和专业发展活动与组织两方面的问题之外，单位激励制度的不健全也是建立有效初中教师专业共同体的重大障碍之一。也可以说，在前两方面存在严重问题的情况下，激励制度便越发显得重要。反过来说，假使教师发展活动丰富、有趣、有效，教师具有足够的兴趣和动机，那么激励机制缺失的问题也许就不会凸显，因为压根不需要。

制度对于一个组织的发展至关重要。有效的制度应当促进而非阻碍组织目标的实现，而且制度不能是一纸空文，而是要落到实处。以企业为例，若要鼓励创新，仅仅喊口号或组织一些貌似能够促进创新的活动是远远不够的，而是要真正建立起有利于创新的制度和文化：比如要对在创新方面做出重大贡献的人给予奖励；要加大研发上的投入但不能硬性规定短期内出成果；再比如要允许试错，降低人们对创新失败而承担后果的风险预期。特别是最后一点：假如某位员工创新了一个产品，结果未得到市场认可，最后被要求赔偿公司损失，那么口号喊得再响，大家也不会再愿意创新了。这些道理是不言而喻的，但在公立中小学体制内却常常难以得到贯彻。

首先，工作压力大，薪资整齐划一、缺乏弹性且相对较低，对教师发展起到了严重的阻碍作用。社会上对于教师群体具有普遍的误解，认为教师是轻松而稳定的职业。事实上，教师们的工作强度不亚于社会上的职场人士。然而，教育事业关涉国计民生，具有公益性质，不同于办企业，因此无法完全按照市场化规律实施多劳多得，而是由国家统筹教师薪资。吴国平（2018）[52]对上海

[52] 吴国平.上海市中小学教师职业状况与政策建议[EB/OL].(2018-05-31)[2018-06-03].
https://www.sohu.com/a/233642055_387177.

市 15 227 名 [53] 教师进行的大规模调查显示：教师们普遍感动工作压力较大，教师平均每日在校时间为 9.61 小时，最长超过 16 小时；50％以上的教师每日用于备课和批作业的时间超过三个小时。教师们"工作时间太长，工作强度偏高"，除日常教学任务外还要应付"各种检查、评比"。80％的教师认为检查、评比太多，64％的教师认为教研、科研要求太高。与之极不相称的是，教师们的收入偏低，54.13％的教师月收入不足六千元，收入超过一万元的不到 3％，也只有这 3％的教师对收入待遇和自己的付出回报表示满意。有高达 61％的校级领导有转行的念头。这些数据均表明，中小学教师收入相对较低，与其工作付出不相称，现有的教师薪资制度对教师的物质激励不足。即便学校层面在有限的范围内对教师们实施绩效奖励等差别化待遇，也面临着重重困难。一方面，对教师"业绩"的考量缺乏明确的标准，执行不力容易引发教师的不满；另一方面，学校的办学经费相对固定，其在教师待遇方面的政策弹性不足，所谓的待遇"差别"力度常常不足以产生激励作用，特别是对于家境相对殷实的教师群体。除薪资待遇因素之外，从职业发展角度来看，广大的初中教师群体既无失业之忧，又无企业里那样明显"职业阶梯"，因此学校很难从人事制度上向教师施压，促使其合作学习、合作发展。

其次，也是更重要的一点，教育的对象是学生，不像企业里的产品，教师们的试错成本太高。主要的问题出在，当前的教育制度环境中，对"错"的界定非常局限，基本等同于学生成绩不佳。假使要推行课程改革，教师们往往会采取最保守的、自身免责的做法，而不会去冒险创新。正如宋萑（2011）研究 [54] 中的个案学校所展示的那样，教师们对于二期课改所赋予他们的恰当调整和选择教材内容的权利做出了"集体式拒绝"：他们宁愿动用挪用其他课时、加快教学进度、增加课后辅导等各种手段来完成教材中的所有内容，也不愿共

---

[53]　占上海市中小学教师总人数的 13％。

[54]　宋萑 . 课程改革、教师赋权增能与教师专业学习共同体：上海市四所小学的个案研究 [J]. 教育学报，2011，7（03）：63-74.

同探讨最有利于学生的教学方案。有位受访老师明确表示，"我每篇课文都教到、讲到，每天反复做练习、做订正，他（学生）还是考不好就不是我的问题了"。教师们心里总是悬着"考试之剑"，会担心如果按照课改要求对教学内容进行取舍，那么一旦考试超出了他们选出的授课范围，影响了学生成绩便难逃责难。这种"强调考试成绩的问责制度使得教师过度追求学生考试分数，并加剧了教师之间的竞争，使其表面合作而暗地里竞争"[55]（蒋福超、刘正伟，2009）。

最后，实际上，由于升学压力的客观存在，大多数初中学校和教师都难以摆脱应试教学以及与之相应的考核制度。特别是在小学阶段大力减轻学生负担，取消考试分数和成绩排名的背景下，初中阶段的应试教学压力不降反升。许多学校疲于应付学区统考以及各种摸底考试，各科成绩在区里的排名牵动着自校长到学科负责人再到每一位任课教师的神经。在分数的高压之下，教师们选择将有限的时间投入到短平快的应试训练而非具有长效作用的集体合作探索和专业发展中，也就不难理解了。

笔者对139名上海初中教师的调查显示：将近四成（38.5%）的教师表示，导致自己无法积极参与教师专业发展活动的主要原因为"面临中考升学压力，教学任务繁重，可用于专业发展的时间和精力不足"。另分别有超过两成（24.1%和21.1%）的教师参与学习的困难主要来自"学校激励措施不得力，行政部门支持力度不够"，以及"学校教师学习氛围"不浓，因而不能够长期坚持专业发展。教师专业发展自主性受到多方面主、客观因素的影响：主观方面，41.11%的教师表示，由于已经工作，工作经验丰富，因此产生了一定的惯性，18.58%的教师对教学工作产生了职业倦怠，也有部分教师（10.28%）认为自己各方面素质已经很强了，没有迫切的专业发展压力和需求。客观原因方面教师们的反馈更加集中，75.69%的教师选择"工作压力太，忙不过来"，22.73%的教师认为"教师专业化不为社会认同"，另有分别17.59%和13.64%的教师选择"教师群体

[55] 蒋福超，刘正伟.专业学习共同体视角下的教研组变革[J].教育发展研究，2009，28（10）：83-87.

没有学习研究氛围"和"学校支持的力度不够"。总体而言，抑制教师专业发展自主性的最主要因素，一是客观上教学工作压力太大，教师精力有限；二是主观上由于具有多年的教学经验而对自己的专业能力比较自信，并逐渐形成了固化的思维和习惯，未意识到与时俱进、追求专业发展的重要性。

以上文献中的调查及笔者的调查结果均可在教师访谈中得到进一步佐证：

"你可以说老师年复一年地重复那点东西是因循守旧，但有什么办法呢？考试就是要考这些，你不讲这些讲什么？我们老师也愿意学习，也想与时俱进，接受一下新事物。有时候听听一些新东西确实觉得很不错，像现在的慕课、翻转课堂，包括一些名校的注重学生的创新思维、批判性思维的一些做法，对培养人来说，确实比我们传统的应试训练要好。可讲实话，我是不敢尝试。万一你试来试去，学生成绩下来了，这算谁的呢？这个责任我付不起。何况，你去尝试新理念、新方法也不是那么容易，要额外花好多精力，出力不讨好。教师发展，发展来发展去，交流来的新东西不能实践，那么时间久了就没动力了，还不如老老实实教我的课。"

——教师 Z

"不是我不愿意求发展，是实在心有余而力不足。面对那么多学生，日常教学任务本来就不轻，又面临中考，加上年级组的工作和各种大会小会，总是感觉分身乏术。这时候你再说，参加这样那样的活动纳入绩效考核，我不知道别人怎么样，我反正是顾不上那么多了。何况考核说白了就是一点奖金的差别，好坏能差到哪里去呢？"

——教师 LU

可见，无论是从人事制度还是教学文化制度来看，当前的制度环境都对初中教师专业共同体的建设存在一定的阻碍作用，不利于促进持续的教师专业发展和学校整体发展。如何尽可能地为教师们减轻工作负担、给予人文关怀和政策激励、培育教师间互助共进的良好学习氛围，是今后初中教师专业共同体建设的一个重要努力方向。

综合本节前述，我国初中教师专业共同体的建设面临着教师个人专业发展动力不足、已有教师专业发展活动组织不力、单位激励机制不健全等三大问题。要建设有效的共同体，在这三方面的努力缺一不可。建设教师专业共同体与传统的教师培训活动的本质不同在于，"从通过培训去转变教师，转移到让教师成为主动的学习者""从关注提供单一化、补足式教师发展活动，转移到为教师创设发展的时间和空间，发展的条件和资源，培育利于教师发展的土壤"[56]（宋萑，2011）。这种支持教师主动学习和专业成长的"土壤"培育过程，即教师专业共同体的建设过程，其基本目标就是通过探索适当的活动内容、组织形式和制度机制，激发教师合作发展的持续动力，通过足够时间的实践探索形成常态化的共同体活动、制度和文化。

---

[56] 宋萑. 课程改革、教师赋权增能与教师专业学习共同体：上海市四所小学的个案研究 [J]. 教育学报，2011，7（03）：63-74.

第五节　研究意义

本节从教师发展和学校管理两方面讨论本研究具备的理论与实践意义。

一、理论意义

理论方面，本研究将丰富现有的教师发展与学校管理研究。尽管构建教师专业共同体已经成为教师发展领域的共识，但已有的共同体研究多为针对概念内涵、特征要素、构建策略等的理论探讨，基于实践的实证研究不多。在为数不多的实践探索中，一方面多聚焦教研组、名师基地、某一学科教师团队等单层次的专业共同体，鲜有以一校为核心的多层次共同体研究；另一方面，多为目标具体、存续期较短的项目式共同体，鲜有研究着眼于打造教师专业共同体建设的长效机制。在学校管理方面，已有研究仍多在行政管理的学科体系中进行，尽管从教育学视角通过将学校打造为一个教师共同体来促进学校发展的理念已被提出，但仍停留在理念探讨阶段，尚无相关实证研究。因此，本文拟提出的教师专业共同体建设机制将对已有的教师发展和学校管理理论做出重要的补充与拓展。

二、实践意义

如前所述，教师专业共同体已成为教师发展的最新范式。建设教师专业共同体以促进教师专业发展为直接目标，对促进学生、教师和学校的发展具有重要的实践意义。一方面，研究表明[57]，有效引导全体教师和管理人员持续地合

---

[57]　Hord S M. Professional Learning Communities: Communities of Continuous Inquiry and Improvement[J]. Change Strategies，1997，40（01）：58-59.

作探索与学习，最终将有效促进学生的发展（Hord，1997）。学校范围的教师专业共同体将通过影响教师的教育观、提高其专业知识技能而影响其对学生学习的教育支持水平，进而影响学生成绩。"发展教师专业共同体是教育改革的最有效策略之一，它可有效促进教师专业发展，并促进学生改善学习结果。"[58]（Stoll & Bolam，2006）另一方面，建设教师专业共同体有利于重塑学校的合作学习文化。教师专业共同体的形成不仅可以改变教师个体，而且还可以改变长期以来教学场所中根深蒂固的孤立的、个人中心主义文化，使合作成为学校中深层的文化存在。建设教师专业共同体，相比传统的行政管理，为教师创造了更多人际交互的机会，教师们在共同体活动中形成设计交流、分享知识的各种学习场，在合作的氛围中共同探讨、研究和解决问题。加拿大教育学者Fullan（2001）[59]指出，"有效合作的文化氛围并不是以观点相似为基础，多元化才有价值，因为他们可以获得不同的观点，并凭借这些观点认识问题的复杂性。"构建校内以及校际之间的教师专业共同体有助于打破教师、学校的教育教学盲点，在异质合作交流中与自己原有的思想、理念、方法形成碰撞，做出反思，修正行动。

可见，建设教师共同体可促进教师、学生和学校文化的全面发展，建设全校范围的教师专业共同体将成为学校管理的新途径。本研究中的案例学校围绕建设有效的初中教师专业共同体开展了长期的探索实践。对这些实践中的经验教训进行总结，挖掘成功实践背后的深层次原因，形成系统的打造教师专业共同体的长效机制，可在更广阔的范围内推广这些经验与机制，助力更多面临类似处境的学校推进教师发展，改善教育质量，最终促进学校的全面发展。

[58] Stoll L, Bolam R, et al. Professional Learning Communities: Source Materials for School Leaders and Other Leaders of Professional Learning[J]. Innovation Unit Dfes National College for School.2006, 2（29）：187.

[59] Fullan M. The New Meaning of Educational Change[M].New York and London: Teachers College Press and Routledge Falmer，2001.

参考文献

中文参考文献

[1] 包智强，吴伟昌 . 校际教科研共同体：区域教科研的新范式 [J]. 上海教育科研，2013，12：52-54.

[2] 杜芳芳 . 校际互动：学校优质与均衡发展的新思路 [J]. 教育发展研究，2009，29（24）：48-53.

[3] 董玉琦，刘益春，高夯 . "U-G-S"：教师教育新模式的设计与实施 [J]. 东北师大学报（哲学社会科学版），2012，06：170-175.

[4] 段晓明 . 学校变革视域下的专业学习共同体 [J]. 比较教育研究，2007，03：74-78.

[5] 顾小清 . 教师专业发展：在线学习共同体的作用 [J]. 开放教育研究，2003，02：39-43.

[6] 郭燕，徐锦芬 . 我国大学英语教师专业发展共同体建设研究 [J]. 外语界，2015，05：79-87.

[7] 龚雷雨 . 高品质学校建设的诠释与践行：以江苏省无锡市为例 [J]. 江苏教育研究，2017（26）：26-30.

[8] 黄行福 . 教师专业发展：动力的审视 [EB/OL].（2014-07-28）[2018-05-02].http://www.jxteacher.com/hxf/column3257/fa58fc08-b42e-1103b62ff0bd9.html.

[9] 胡艳 . 专业学习共同体视角下的教研组建设：以北京市某区中学教研组为例 [J]. 教育研究，2013，34（10）：37-43.

[10] 何伦忠 . 高品质课堂建设的探索与实践：聚焦学科核心素养的深度教学视野 [J]. 教育科学论坛，2019（25）：64-68.

[11] 胡小勇 . 促进教师专业发展的网络学习共同体创建研究 [J]. 开放教育研究，2009，15（02）：87-91.

[12] 蒋福超，刘正伟 . 专业学习共同体视角下的教研组变革 [J]. 教育发展研

究，2009，28（10）：83-87.

[13]金小签，邹乐.对"国培计划"教师动力不足原因及对策的思考[J].江西教育，2016，36：6-7.

[14]刘明华，王必闩.教研组建设现状及功能思考[J].上海教育科研，2008，04：47-48.

[15]马南南，顾小清.教师在线学习共同体中的学习驱动机制探讨[J].现代教育技术，2008，05：95-98.

[16]潘涌.论中小学教研组建设与学科带头人的使命[J].全球教育展望，2010，39（09）：9-82.

[17]乔雪峰，卢乃桂.跨边界能量再生与扩散：跨校专业学习共同体中的教育能动者[J].教育发展研究，2017，37（24）：1-7.

[18]王江汉，段长城.在线外语教师学术共同体的构建与实施模式：基于iResearch外语学术科研平台的研究[J].外语电化教学，2017，03：85-91.

[19]王越英.打造学习共同体促教师专业发展[J].上海教育科研，2004，03：41-42.

[20]宋萑.课程改革、教师赋权增能与教师专业学习共同体：上海市四所小学的个案研究[J].教育学报，2011，7（03）：63-74.

[21]孙志明.高品质学校的核心内涵与内生发展路径探索[J].教育科学论坛，2018（04）：65-69.

[22]宋萍萍，黎万红.轮岗教师的共同体实践：样态及其优化[J].教育发展研究，2018，38（44）：45-50.

[23]吴国平.上海市中小学教师职业状况与政策建议[EB/OL].（2018-05-31）[2018-06-03].https://www.sohu.com/a/233642055_387177.

[24]吴文胜.共同体：教师合作文化的有效组织[J].杭州师范学院学报，2006，03：147-148.

[25]徐斌艳.名师培养基地专业特征研究：基于教师实践共同体的视角[J].教育发展研究，2010，30（24）：56-60.

[26] 阴祖宝，倪胜利.走向专业学习共同体的教研组变革 [J]. 现代中小学教育，2013，08：54-57.

[27] 叶澜.深化基础教育改革三题 [N]. 人民日报，2016，07.

[28] 张平，朱鹏.教师实践共同体：教师专业发展的新视角 [J].教师教育研究，2009，34（2）：56-60.

[29] 张平.基于共同体文化教研组建设的实践探索 [J].全球教育展望，2012，41（05）：84-87.

[30] 张志旻，赵世奎，等.共同体的界定、内涵及其生成：共同体研究综述 [J].科学与科学技术管理，2010，31（10）：14-20.

[31] 郑葳，李芒.学习共同体及其生成 [J].全球教育展望，2007，04：57-62.

[32] 张佳.我国教师专业学习共同体发展现状的实证研究：以上海市中小学为例 [J].基础教育，2017，14（05）：76-87.

[33] 张晓蕾，王英豪.从"合而不作"到"合作共赢"：对我国校际教研共同体中教师合作现状的探索性分析 [J].教育发展研究，2017，37（24）：14-20.

[34] 张建.名师基地培养模式之缘由、理念及路径 [J].教育研究，2015，36（04）：86-93.

[35] 佐藤学.学校的挑战：构建学习共同体 [M].上海：华东师范大学出版社，2010.

[36] 张贵勇.打造区域高品质教育的思考与实践 [J].基础教育论坛，2019（01）：4-7+81.

英文参考文献

[1]Brower A M，Dettinger K M.What is a learning community？ Toward a comprehensive model[J]. About Campus，1998，3（05）：15-21.

[2]Cathy M E. Learning better together: The impact of learning communities

on student success in higher education[J]. Journal of Institutional Research，2000，1（02）：48-53.

[3]Fullan M. The New Meaning of Educational Change[M].New York and London: Teachers College Press and Routledge Falmer，2001.

[4]Fullan M. The New Meaning of Educational Change[J]. School Effectiveness and School Improvement，1991，2（04）：336-343.

[5]Hernandez V M，Brendefur J L. Developing Authentic，Integrated，Standards-Based Mathematics Curriculum:（More Than Just）An Interdisciplinary Collaborative Approach[J]. Journal of Vocational Education Research，2003，28（03）：259-283.

[6]Lave J. Cognition in practice : mind，mathematics and culture in everyday life[J]. Contemporary Sociology，1988，19（01）：214.

[7]Little J W. Teachers professional development in the context of high school reform: Findings from a three-year study of restructuring schools[J]. Education and Urban Society.2003，27（03）：274-293.

[8]Lave J，Wenger E. Situated Learning: Legitimate Peripheral Participation[J]. Applied Cognitive Psychology，1991，29（02）：138.

[9]Louis K S，Gordon，M F. Aligning Student Support with Achievement Goals: The Secondary Principal's Guide[J].Corwin Press，2005，12（02）：168.

[10]Phillips J. Powerful Learning: Creating Learning Communities in Urban School Reform[J]. Journal of Curriculum and Supervision，2003，12（3）：240-258.

[11]Roth W M，Lee Y J.Contradictions in theorizing and implementing communities in education[J]. Educational Research Review，2006，1（01）：27-40.

[12]Rousseau C K. Shared beliefs，conflict，and a retreat from reform: The story of a professional community of high school mathematics teachers[J].

Teaching and Teacher Education, 2004, 20（08）: 783-796.

[13]Smith B L.Challenge of learning communities as a growing national movement[J]. Peer Review, 2001, 4（01）: 4-8.

[14]Stoll L, Bolam R, et al.Professional learning communities: A review of the literature[J].Journal of Educational Change, 2006, 7（04）: 221-258.

[15]Seashore K R, Anderson A R, et al. Implementing arts for academic achievement: The impact of mental models, professional community and interdisciplinary teaming[J].Center for Applied Research& Educational Improvement, 2003, 3（02）: 241-264.

[16]McLaughlin M W, Talbert J E. Professional Communities and the Work of High School Teaching[J]. History Teacher, 2001, 126（12）: 106-106.

[17]McLaughlin M W, Talbert J E. Professional Communities and the Work of High School Teaching[M]. Chicago: University of Chicago Press, 2001.

[18]Turner V. Dramas, Fields, and Metaphors: Symbolic Action in Human Society[J]. Cornell University Press, 1975, 14（01）: 67.

[19]Wenger E. Communities of practice: Learning as a social system [J]. Systems Thinker, 1998, 7（05）: 1-10.

[20]Westheimer J. Communities and consequences: An inquiry into ideology and practice in teachers' professional work[J]. Educational Administration Quarterly, 1999, 35（01）: 71-105.

第二章

校长与教师专业共同体建设

第一节　校长在教师专业共同体中的角色与担当

要创建有效的共同体，涉及校内、校外多方面的过程，没有来自各层面领导者的大力支持，很难建立真正的共同体，所以，教育的领导者对于共同体的培育至关重要。

第一，教育领导者要致力打造校园文化，因为校园文化将影响教师们对于变革的态度[1]。要确保人人都在学习进步，如劳和格洛弗所说，"教育领导者的核心任务就是促使和保持学生和教师们的有效学习"[2]。

第二，教育领导者要注重调查。没有调查就没有发言权。教育领导者若要促进学校发展，在提出和实施新动议时也必须进行充分的调查，不能仅基于相关的理论研究，更不能凭想当然。斯托尔、伯拉姆和科勒博恩[3]总结了领导者实施调查的三种途径：一是督促教师个人、各部门乃至全校范围的研究和评估；二是采用系统的方法，实时收集、分析和使用教学过程中的各种数据（如学生成绩等）；三是利用外部研究者和专家发布的相关实证研究结果。

第三，教育领导者要有高情商。做出改变是一个非常负责的过程，涉及如

---

[1]　Fullan M. What's Worth Fighting for in Headship[J]. Open University Press，1992，19（01）：111.

[2]　Law S，Glover D. Educational Leadership and Learning: Practice，Policy and Research[J]. Open University Press，2000，14（04）：192.

[3]　Stoll L，Bolam R，et al. Leading for change: Building capacity for learning[M]. Berlin: Spinger Netherlands，2002.

何处理人们对改变的恐惧心理。因此，情商的概念被引入领导力研究^[4]。经验证据表明，高情商是有效领导力的一个必备要素^[5]。

第四，分散式领导（distributed leadership）。由于领导工作的复杂性，人们日益认识到领导不是一个人或者少数高层的事，完成一个单位的组织职责，需要许多人的交互合作^[6]。实际上，联合行动是专业共同体的特征之一，学界称之为分散式领导。在许多教师专业共同体中，校长和教师们共同开展实践探索^[7]，为教师们提供机会在教学改革中发挥领导者角色。克劳瑟^[8]指出，在专业共同体中，教学领导应与战略领导并行工作，因为这时教师领导者和行政领导者都有了新的角色，两者间的关系也发生了变化。

校长在教师专业共同体的建设中，既是进才中学北校共同体建设实践的总设计师与参与者；也带领着进才中学北校积极参与教育集团层面的教师发展，在集团教师专业共同体中发挥重要角色，是教师专业共同体建设中的旁观者；在一系列实践的基础之上，进行教师专业共同体的研究，是教师共同体研究的引领者。

一、当局者

没有来自各层面领导者的大力支持，很难建立真正的共同体。麦克劳克林

[4]　Balint S. The new leaders: transforming the art of leadership into the science of results[J]. International Journal of Information Management, 2003, 23（3）: 273-274.

[5]　Day C, Harris A, et al. Leading schools in times of change[J]. Education-line, 2000, （01）: 1-16.

[6]　Gronn P. Leadership: Who needs it？ School Leadership and Management[J].School Leadership &Management, 2003, 23（03）: 267-290.

[7]　Gronn P. Distributed properties: A new architecture for leadership[J]. Educational Management and Administration, 2000, 28（03）: 317-338.

[8]　Dempsey, Ruth. Teachers as Leaders: Towards a Conceptual Framework[J]. Teaching Education, 1992, 5（01）: 113-122.

和塔尔博特[9]基于对高中学校的调查得出结论：校长处理各种事物的方式奠定了共同体发展的条件，包括学校资源管理、对师生的了解、是否支持教师间的人际互动和教师领导力、响应上级政策、为学校获取资源等。校长既是教师专业共同体的研究者，也是进才中学北校共同体建设实践的总设计师和参与者，他与共同体教师们常年一起共事，可对实践现状与困难进行全面深入的观察，能够获得大量的一手资料，如关于建设初中教师专业共同体所面临的现实困难、教师在共同体建设过程中的意识态度和情绪变化、打造共同体文化相关举措的效果等。此外，在共同体实践过程中也产生了多种案例，可用于本文的分析。例如，教师学习交流、培训、征文、比赛等活动中发生或反映出的真实事例、个体教师专业成长的优秀案例、共同体培育运行中出现的管理案例等。自2004年开始，进才中学北校开始有意识地探索建立教师专业共同体，已经走过了整整十五个年头。经过多年的努力，学校教师专业共同体建设初见成效。

二、旁观者

经过长期的实践探索，进才中学北校内部建立起多种教师发展团队，教师们在各个团队中进行频繁交互，互助合作，共同发展，形成了团结向上的团队文化。然而，多次非正式访谈表明，尽管多数受访教师认同自己不同教师团队成员的身份，并肯定了团队合作与交互在个人专业成长中的重要作用，但他们对于作为一个共同体的认同感不足。要提升教师们对"进才中学教师专业共同体"的认知度和身份认同，必须带领教师们走出学校，在更广阔的范围内进行交互协作，在对外交流中求发展。为此，进才中学北校开始在所属教育集团、教育署、浦东新区乃至上海市范围内开展教师发展实践。

2015年9月，上海市进才教育集团正式成立，其作为浦东新区体量最大的教育集团之一，包含14所学校和两个街道。进才中学北校作为其核心单位之一，

---

[9] McLaughlin M W，Talbert J E. Professional Communities and the Work of High School Teaching[J]. History Teacher，2001，126（12）：106.

积极参与教育集团层面的教师发展，在集团教师共同体中发挥重要角色。作为浦东新区见习教师基地学校，学校积极承担教育集团内的新教师培训任务，每年集团内两所学校的新教师培训都会安排在进才中学北校进行。除了前述教育集团，学校还参与四校联合、五校联合等层面较为频繁的校际交流，学校还会不定期牵头组织更大范围的共同体活动，邀请这些联合体的成员学校共同参加。总而言之，通过各种联合体及超联合体的教师共同体活动，逐步树立了学校教师追求专业发展的氛围，充分发挥了进才中学北校教师专业共同体在区域教师发展中的引领作用，有望逐步强化进才中学北校教师对于全校教师专业共同体的身份认同、归属感和自豪感。

三、引领者

建设教师专业共同体以促进教师专业发展为直接目标，对促进学生、教师和学校的发展具有重要的实践意义。研究表明[10]，一方面，建设教师共同体有效引导全体教师和管理人员持续地合作探索与学习，最终将有效促进学生的发展。另一方面，建设教师专业共同体有利于重塑学校的合作学习文化。可见，建设教师共同体可促进教师、学生和学校文化的全面发展，建设全校范围的教师专业共同体将成为学校管理的新途径。从实践中来，校长对进才中学北校为核心的教师专业共同体建设实践展开个案研究，在对该共同体建设的背景、过程、活动、制度、效果等进行系统梳理的基础上，全面总结分析实践经验与教训，提取实践成功的关键因素，探索有效构建初中教师专业共同体的规律性问题。对这些实践中的经验教训进行总结，挖掘成功实践背后的深层次原因，形成系统的打造教师专业共同体的长效机制，可在更广阔的范围内推广这些经验与机制，助力更多面临类似处境的学校推进教师发展，改善教育质量，最终促进学校的全面发展。

---

[10]　Hord S M. Professional Learning Communities: Communities of Continuous Inquiry and Improvement[J]. Change Strategies，1997，40（01）：58-59.

第二节　校长视野下的教师专业共同体建设思想发展历程

　　校长对于教师专业共同体思想的理解，大致走过"现实问题—实践探索—理论分析和提炼"的三个阶段，即在理清现实问题的基础上，针对这些问题展开多轮反复的、持续的实践探索，在总结分析优秀实践经验的基础上，挖掘主导实践有序开展的多方机制，并就专业共同体的本质核心要素和构建途径进行理论提炼。其中，现实问题为研究之起点；实践探索为研究的实证过程，实践本身即可对未来更多类似实践提供有益参考；理论提炼则是研究之最终结论，是实践知识到理论知识的重要转化。

　　依托进才中学北校教师专业共同体建设的实践历程以及建设成效，基于对进才中学北校教师专业共同体建设现状的审视与理性思考，研究者以教师专业共同体系统理论为支撑，从进才中学北校教师共同体建设的现状出发，在总结进才中学北校优秀实践经验的基础之上，思破立、敢破立、善破立，挖掘教师专业共同体的培育和运行机制、评价和保障机制，并提炼出五种初中教师专业共同体的核心要素、四类初中教师专业共同体核心要素的构建途径。

一、现实问题阶段

　　进才中学北校成立于 1997 年，建校之初，学校管理人员和教师合计仅有 23 人，全校的教学班仅有 7 个。在区域化办学、整合教育资源的大背景下与邻近两所相对弱势的学校进行了合并，自三校合并开始，该校进行了多年的教师专业共同体建设探索，逐步缩短直至基本消除了校区间的差异，形成了统一的校园文化。经过二十多年的发展，学校规模不断扩大，如今拥有教职工 177 名，教学班 56 个。在这一发展过程中，学校高度重视教师的专业发展，始终将其作为学校教师队伍建设的第一要务。

建校初期，通过探究课程、专家引领、专项教师培训等阶段性的活动，初步培育了教师合作发展的文化，激发教师在互助合作中共同追求专业发展的意识和动力。

2004 年三校合并之后，学校开始有意识地尝试建立各种基于团队合作的教师发展活动和组织，通过校本教研、分层培养、聚焦师德、以课题为抓手、依托特色项目的教师专业共同体发展途径，建立长期的、团队合作式的发展机制与环境，通过不同任务驱动的教师发展团队实践，实现从表层组织架构到深层组织文化的转化，培育全校教师的专业发展共同体。

自 2011 年开始，进才中学北校教师专业发展进入新的发展阶段，呈现出两大变化：一是注重教师信息素养发展，提升教师将现代信息技术与教育技术融于教育教学的能力，打造智慧教师，创建智慧校园；二是由教研组、备课组、青蓝工程等校内局部的教师专业发展团队，真正转向由全体教师构成的专业共同体。通过各种联合体及超联合体的教师共同体活动，逐步树立了学校教师追求专业发展的氛围，充分发挥了学校在教师专业共同体在区域教师发展中的引领作用，在对外的交流与服务中求发展，提升学校教师对全校范围教师共同体的身份认同。

进才中学北校从培育教师合作发展的文化、激发教师共同追求专业发展的意识和动力开始，通过培育各种类型和层次的教师合作团队，创建教师间密切交流合作的平台，打造组织文化和组织制度，至今已形成相对成熟的教师专业共同体。

二、实践探索阶段

自 2004 年，进才中学北校开始有意识地探索建立教师专业共同体，至今已经走过了整整十五个年头。经过多年的努力，学校教师专业共同体建设初见成效。

第一，通过持续的共同体建设，学校在师资队伍、校内教科研组织、学校整体发展等方面取得了显著成绩。（1）师资队伍水平高。具体表现在：高层次人才数量增多，目前拥有上海市"双名工程"后备人选5名，浦东新区学科带头人5名，浦东新区骨干教师31名，校特色教师9名；骨干教师的学科覆盖面广，每个学科都有骨干教师，特色骨干教师数量和比例均居同类学校前茅；老、中、青动态师资比例接近2：5：3，被职能部门誉为极有生命力的上佳结构。（2）校本共同体成绩显著，教研组发展成熟，成绩突出：全校6个教研组中有4个被评为浦东新区优秀教研组。备课组具有较高的校本课程及课程资源开发能力，每个备课组至少已形成一门成熟的校本课程。近几年里，学校还先后获评1个区级优秀学科组、1个区级文明班组、2个区级青年突击队、1个区级巾帼示范岗，以及浦东巾帼服务世博岗位展示优秀博客奖。（3）学校整体发展成绩显著。随着教师专业共同体实践的不断推进，近年来学校陆续获得了多项荣誉。

第二，在共同体的培育下，学校教师的整体教学能力不断提升，教师们在各级、各类教学比赛斩获众多奖项。据不完全统计，以2015年秋季学期到2018年上半学期这三个学年为例，教师在教学竞赛、评比及教学案例、课例评比中获得市级以上奖项21人次，其中国家级奖项9项；区级、署级的奖项更是不胜枚举，仅2015—2016一个学年便在第九届浦东新区中小学信息技术与教学整合竞赛、浦东新区中青年教师教学评比活动、浦东新区新苗杯教学评优比赛三个赛事中斩获9个奖项。除上述教学奖项外，学校领导和教师们还荣获多个个人荣誉，近三年的个人荣誉有上海市"十二五"家庭教育指导优秀校长（2016）、上海市金爱心教师奖（2016，两项）、上海市园丁奖（2017）、浦东新区园丁奖（2017，三项）、浦东新区教育系统"三八红旗手"、上海市优秀班主任（2018，两项）、浦东新区教育系统优秀共产党员（2018）等。

第三，在共同体的引领下，学校教师的科研能力也得到明显提升，近年来完成大量的课题研究，研究成果以报告、论文的形式在各级刊物上得以发表。以 2014—2015 学年为例，教师们在此期间在各级刊物及各种单位组织的论文征集活动中发表教学研究论文 54 篇，论文获奖 14 项，教师独立承担区级研究课题 5 项。这些科研成绩的取得对于科研基础薄弱、教学任务繁重的初中老师来说十分不易，从侧面反映出学校教师专业共同体建设的有效性。

在进才中学北校多年的共同体建设实践中，研究者在不同时期根据不同调查目的，进行过多次一对一教师访谈。2017 年初，为检验学校教师专业共同体建设的成效，进行了较大规模的调查，涵盖了进才中学全体教师以及在校际交流中长期参与学校共同体活动的教师共计 506 名。通过问卷调查和书面访谈的方式多方调查教师对共同体专业发展举措和成效的评价，以收集多种数据进行互相印证或补充。对问卷调查所收到的量化数据，采用 SPSS19.0 软件统计不同选项的占比；对书面访谈所得的质化数据，采用 NVivo 12 plus 进行分析。通过综合对比研究数据可以发现，受访教师对共同体的教师专业发展活动评价积极；肯定共同体对教师的有效激励、评价和支持；教师对共同体呈现正向情感取向。

综上所述，近年来学校所获得的成就和荣誉、教师个人在教学和科研方面所获得的成绩等从一定程度上反映了学校初中教师专业共同体建设实践的初步成效。针对教师的问卷调查和多次访谈也表明，教师们对共同体活动举措和效果的评价较高，总体呈现正向的情感取向。可见，进才中学教师专业共同体建设实践成效良好，现有经验对同类实践具有较高的参考价值。对该共同体的建设机制进行系统挖掘和分析，其结果对共同体机制研究具有一定的理论贡献。

三、理论构建阶段

教育变革的时代和学校的发展都需要教师不断成长，这也是教师内在的自主追求，而教师专业共同体则是当前最新的教师发展范式。所以，建设初中教师专业共同体是新时代教育变革的需求，也是学校发展和教师成长的需求。

研究者在进才中学北校多年的教师发展实践行动研究的基础上，采用文献分析、问卷和访谈调查、参与观察、案例分析等多种研究方法，通过数据分析和理性思辨探索初中教师专业共同体的建设机制、核心要素及建构途径，最后提出了基于需求分析打造共同体愿景、适度安排专业发展活动提高活动实效、提供全方位多层次的专家引领、创造广泛充分的同行交流机会以及加强文化制度建设和物质支持等初中教师专业共同体的建构途径。

对于进才中学北校的教师共同体研究是基于该校的教师专业共同体建设实践的个案研究，聚焦其教师专业共同体建设实践，包括传统的教师培训活动、校本教科研组织（如教研组、备课组、年级组、特色项目组）、校际展示与交流等。具体到教师而言，主要研究对象为学校全体教师以及与共同体建设密切相关的领导人员。就其研究方法而言，是一项实证个案研究，但同时又针对不同的研究内容采取多种不同的研究方法，是一个定量和质性方法相结合的混合研究。充分利用进才中学北校学校教师专业共同体实践过程中形成的各类文献资料，包括教师专业活动方案、评估标准、工作报告、教案资料以及和共同体培育运行相关的学校组织制度和各类规章等。且在整个行动研究的过程中进行多次调查研究，根据共同体建设不同阶段的研究需要，通过问卷调查、访谈等多种调查手段收集研究资料，以了解教师在共同体实施过程中的感受、困惑、需求、建议等，并采用恰当的数据分析工具对所采集到的质化与量化数据进行分析。例如，随着教师专业共同体建设的逐步深入，为了检验建设实效，了解共同体建设存在的问题以及教师专业发展中的需求和困惑，研究者于 2016 年11—12 月制定了《进才中学北校教师专业共同体建设情况调查问卷》，并于2017 年 1—2 月进行了问卷调查。问卷分为教师基本信息和正式问卷两部分。正式问卷又分为三个部分：第一部分共 12 道单项选择题，主要了解教师们对学校支持教师专业发展方面的举措和成效的认识等；第二部分为 8 道多项选择题，主要了解影响教师专业发展主客观因素、教师们对学校及专业共同体的期待等；第三部分是表格题，主要了解教师们对学校现有的十个共同体的参与体验和认识，包括是否喜欢、共同体的运行机制、存在的问题、在共同体中的收获、共同体的支持和评价措施中有待改善的方面等。对于上述调查的数据结果采用

SPSS 19.0 进行统计分析。除问卷外，研究者还根据研究需要，对大量教师进行了不定期的一对一访谈和一次集中书面访谈，以了解共同体建设过程中方方面面的问题和教师反馈。对每一位老师的访谈都因时因目的而异，访谈本身既是目的也是手段：部分访谈数据将为教师专业共同体的相关问题的阐述提供数据支撑，是为目的；同时，许多针对具体事项的访谈结果会随时被用于调整和改善共同体建设方案中的多个细节，是为手段。在书面访谈中，请教师们描述一下在共同体中获得的帮助和提升、对共同体的建议、参与共同体的感受等。共394名教师参与了书面访谈，提供了1.5万字的书面反馈，对这部分数据采用质性数据分析软件NVivo 12 plus进行了分析：将文本文件导入NVivo 12 plus中，对书面反馈内容进行主题识别自动编码，根据自动编码结果，对一些相近或自动识别有误的编码进行人工合并整理，将整理结果存盘，用于构建编码层次图表；此外，为获得教师对共同体的整体情感偏向，对书面反馈内容进行情感编码，并做出矩阵和条形图加以直观呈现。在不断的实践中，研究者探索教师专业共同体的长效机制、要素特征和构建途径等问题。大量的第一手资料，为研究者对教师专业共同体思想的思考和解析提供了切实有效的实践支撑。

对以进才中学北校为核心的教师专业共同体建设实践展开个案研究，在对该共同体建设的背景、过程、活动、制度、效果等进行系统梳理的基础上，全面总结分析实践经验与教训，提取实践成功的关键因素，探索有效构建初中教师专业共同体的规律性问题。从而确立研究的主要目的是探索如何打造有效的教师专业共同体，由此促进全校教师共同追求和实现专业发展，包括提升其专业发展意识，提高其课堂教学、教学管理以及科学研究等能力。研究的主要目标是：第一，教师专业共同体建设的实践探索；第二，在实践探索的基础上提炼出一整套具有一定泛化意义的初中教师专业共同体建设机制，包括共同体从最初培育到长期运行的一系列机制；第三，结合实践归纳总结教师专业共同体的要素特征及其建构途径。研究基于进才中学北校教师专业共同体的建设实践，探索如何建设有效的专业共同体，以促进学校的集体专业化发展，同时，以促进一校范围内初中教师的集体专业发展。

　　进才中学北校在多年的教师发展实践，经过多轮的计划—实施—评价—调整行动研究，最终形成了一个比较成熟的教师专业共同体。研究者挖掘了这一成功实践案例中隐藏的初中教师专业共同体得以发生和持续发展的多重机制，包括：第一，目标导向、动力激发、任务驱动、专家引领三大培育机制。第二，持续改进、政策激励、文化引领三大运行机制。第三，过程评价、绩效评估、团队评价三大评价机制。第四，组织和制度两大保障机制。参照已有相关研究的结论、结合本研究收集到的问卷、访谈等数据的分析结果，提炼出了初中教师专业共同体的五大核心要素特征：一是共同的价值观和愿景；二是共同体的领袖；三是专业实践中的互助合作；四是交流分享的时空和平台；五是身份认同和归属感。具备了这五大要素，便可称之为真正的教师专业共同体。要在一个教师群体中生成这些要素，首先，要做好教师需求分析，并基于目标教师群体的需求打造共同体愿景；其次，要根据教师的精力和能力情况，适度、适量地组织教师专业发展活动，提高活动的成效；第三，要对一线教师进行全方位的专家引领，使之追随；第四，要创造广泛充分的同行交流的机会；最后，还要加强共同体的文化制度建设和物质支持。

第二章

教师专业共同体建设的纵向历程

传统的教师培训活动向主动学习、专业成长转型，意味着教师专业共同体建设要做好"思维的创新、技术的革新以及制度的更新"准备。教师专业共同体建设过程是培育教师主动学习和专业成长的过程，而常态化的共同体活动、制度和文化则提供了培育的有机土壤。

为此进才中学北校在二十年的探索过程中主要经历了四个时期：专家引领下的成型期、校际共同体的形成期、教师专业共同体的发展期和提升期。在路径探索之初，进才中学北校借课程改革的东风，转变办学理念，向外寻求专业支持，实现了思维的创新和技术的革新准备，而后通过分层培养实现"四格"教师的不同发展需求，实现了制度更新的突破。经过这一阶段的发展，三校合并引起的管理问题基本理顺，学校教师围绕常规培训和教学开展的团队合作模式基本确立。

自 2011 年开始，进才中学北校教师专业发展进入新的发展阶段，一是注重教师信息素养发展，提升教师将现代信息技术与教育技术融于教育教学的能力，打造智慧教师，创建智慧校园；二是由教研组、备课组、青蓝工程等校内局部的教师专业发展团队，真正转向由进才中学北校全体教师构成的专业共同体，在对外交流与服务中求发展，提升进才中学北校教师对全校范围教师共同体的身份认同。

第一节　在教学管理实践中启蒙

进才中学北校建校之初，由于学校各方面的工作都有待探索，教师发展也是"摸着石头过河"，没有现成的发展蓝图可供参考。从 1997 建校，到 2003 年三校合并前这段时期，尽管学校在教师发展方面的努力从未间断，但未着眼于打造可持续性的活动和组织，所开展的教师发展活动多是阶段性的。该阶段的主要目标在于意识唤醒，即通过各种教师发展活动，激发教师在互助合作中共同追求专业发展的意识和动力。

2001 年，教育部颁布了《基础教育课程改革纲要（试行）》。此次课改的核心理念是"以人为本"——一切为了学生的发展，为此要全面推进素质教育，构建符合素质教育要求的基础教育课程体系，以培养学生的社会责任感、健全人格、创新精神和实践能力、终身学习能力、信息素养、环境意识等。新课改要求学校和教育者更新教育观念，创新课程，转变教学方式。这对广大基础教育教师提出了新要求。

为响应全国新课改的要求，促进学生的全面发展，进才中学北校着力打造特色班（如法语班、足球班等）和特色课程，推出了 30 多门探究型课程，践行"基于问题的学习""以项目为中心的学习""研究性学习"等先进理念，以转变学生在课上被动听讲、课后机械练习的学习方式，转而"睁眼看世界、看社会、看生活"，在社会问题情境中建构和运用知识，发展自主学习、探究的精神和能力。参与特色探究型课程开发的教师按照学校统一要求提交用于实际课堂的单元教学计划包，具体包括：教学计划、课堂教案、学生任务、学生作品、教学反思等。主管教学的领导对这些内容进行逐一审阅，并进驻课堂观课，之后与教师进行一对一交流探讨，共同修改完善探究课程。在此过程中，教师专业能力得以发展，为了寻求进一步的专业突破，进才中学北校开始向外打通专业支持渠道。

第二节 在专家引领下逐渐成形

一、基于校内专业共同体的教学实践

首先，基于特色探究型课程的开发，教师们围绕特色课程产出了一系列单元教学计划包，在审阅和观课之后修缮的课程资料有教学计划、课堂教案、学生任务、学生作品、教学反思等，无法实现教师内部纸质化的自由传阅，教师之间的专业研讨壁垒天然存在。在此时，英特尔未来教育在上海试点，借助这股东风，进才中学北校在技术上实现了校内专业共同体的初步建立。

英特尔未来教育（Intel Teach to the Future）项目是英特尔公司为支持计算机技术与课程整合而设计的全球性教师培训项目，在中国的开展始于 2000 年，由教育部师范司统筹，先在上海和北京两市试点，之后在全国各地推广，由各省市教育行政部门积极推动。

我国教育部鼓励各地区将该项目纳入其中小学教师继续教育工作的总体规划，致力提高教师的信息技术素养，促使其在教学中有效使用计算机和互联网技术，并借助信息技术和教育技术改进教学方法，更新教学理念，使教学逐渐由传统的以教师为中心的知识灌输转向以学生为中心的主动探索。

进才中学北校积极参与英特尔未来教育，至 2003 年，全校所有中层以上干部以及超过半数的教师都参加了该项目的课程培训。一方面，依托该培训项目，学校积极推进多项信息技术项目的实施，包括建立校园博客群、教师成长档案袋，实施基于校园网络平台的研修，尝试应用网络教学平台等。这些举措有效地提高了教师的信息化素养，激发了其职业成长的热情，也促进了教师间的合作。另一方面，教师们通过英特尔未来教育的课程培训，也更新了教育观念，充分认识到教学中转变教师角色的重要性，意识到应从讲台上的知识权威（sage on the stage）转变为学生学习的引导者（guide on the side）。信息技术和资源是手段、是方法，教师思想观念的转变才是未来教育的关键。英特尔未来教育为进才中学北校探索教师专业共同体打开了新的思路。

二、与高校合作的专业共同体教学实践

除此以外，进才中学北校还利用高校资源检视校内共同体下的教学实践。2000 年，进才中学北校与华东师范大学叶澜教授领衔的新基础教育团队展开合作，成立了该团队在初中学校的第一个实验班。该实验班的模式为专家讲座和课堂实践相结合：一方面由高校的专家教授为实验班的教师们做讲座，分享先进的教育理念和理论；另一方面，专家每周进驻教师课堂，在观课之后与教师进行交流，探讨如何在课堂中落实新理念。

经过实验班的一系列活动，教师们的理论水平得到提高，充分认识到理论与实践的密切联系，纠正了以往认为理论高高在上、华而不实的误解。新基础教育的宗旨在于，从生命和教育的整体性出发，唤醒每一个生命。经过专家引领的新基础教育实验班的熏陶，教师们学会思考教育的本质，对新基础教育的宗旨有了更为深刻的理解。短期内，进才中学北校教师发展活动获得一定成效。

第三节　专业共同体的持续发展

2004 年是进才中学北校发展的重要转折点之一。该年 9 月，应上海市浦东新区整合教育资源的精神和要求，进才中学北校与临近的两所学校的中学部合并。这两所学校在生源质量、师资水平、校园制度与文化、教育资源等各方面的基础相对薄弱。如何重组教师队伍，促进弱势校区的发展，缩短三校间的差异，使其真正融合为一，成为学校管理的当务之急。

一、校际共同体的形成期

考虑到教师规模的扩大和教师水平的参差不齐，建校初期的教师自主探索课程、专家指导和培训等模式无法适应新形势下教师发展的需要。要真正促进全体教师的持续发展，需要建立长期的、团队合作式的发展机制与环境。自此，学校开始有意识地尝试建立各种基于团队合作的教师发展活动和组织，逐步构建以校为本的教师继续教育机制，培育全校教师的专业发展共同体。

1.常规教学中的教师专业发展

（1）教研组职责与活动

进才中学北校的校本教研活动主要依托教研组和备课组展开。吸取以往学科教学经验，进才中学北校对教研组的组织性质和工作职责进行了明确定义和划分，对于许多学校交由教研组承担的其他工作（如课题研究、教师培训、教师评估考核等），均另行统筹，使教研组能够专一于一线教学活动。

学校规定各教研组在学期初制定好该学期的工作计划，包括每次教研活动的时间、目的、主要内容、主讲人等。其日常主要职责包括：①定期组织教研活动，做好教研记录；②定期听课，组织教师互相观课、评课、议课，并做好记录；③教师日常教研材料的收集和存档，如教案、听课笔记、教学总结与反思、公开课教案及音像资料等。

须特别指出的是，除上述常规任务外，在有教师参加各级教学比赛时，教研组还应为参赛老师提供集体支持。在参加教学比赛时，多数其他学校的做法都是由一位有经验的导师对参赛教师进行一对一指导。但在进才中学北校，整个教研组都是参赛教师的强力后盾。最终参赛的教学设计都是集合了教研组全体成员的集体智慧，参赛教师等于只是一个演员或者代言人，要将众多人的智慧结晶在赛场上充分展示出来。这种模式使进才中学北校在各种教学比赛中屡创佳绩，比如该校数学组连续获得两个全国一等奖，多个市级一等奖。

（2）备课组主要职责与活动

随着学校规模的扩大，许多中小学学校在教研组的基础上成立备课组。相对于教研组，备课组规模更小，工作职责更加具体明确。进才中学北校备课组的组建按照教学需要由学校统一指定，教师个人没有权利自主组建备课组。比如，预备班有14个自然班，至少7位数学老师，那么这些数学老师组成共同的备课组，不再另分小组。备课组的一个核心原则为"规定动作不走样"：要求集体备课、互相听课、作业批改、教案上传等教学环节按照既定的标准执行，不得"走样"。具体来说，各学科教学组每两周至少进行一次集体备课或专题研讨活动，每次活动要有明确的主题，并做好主讲人和参会人的发言记录。此外，备课组还承担着指导组内教师准备公开课、组织实施所在年级和学科的月考等工作。

除了上述工作职责的总体规定之外，学校还对教师如何落实教学基本环节提出了具体明确的工作要求，包括：集体备课要注重把握教学目标，教学设计要体现接受性学习和探究性学习相结合；课堂教学要以学生为中心，加强师生互动，注重课堂实效，尤其要关注学习困难的学生；要精心设计作业，保持作业适量，指导学生明确作业规范，并保质保量对学生作业加以批改；课后辅导要知识与方法并重，也要关注学生的思想教育和心理健康；学生评价方面要重视形成性评价，认真填写学生成长手册，以激励为主；自主命制月考试题，考试之后要进行成绩分析，关注进步率等。

2.校本课程开发中的教师发展

校本课程（school-based curriculum）是一种由学校自主开发实施的、以教育实施和接受者（即师生）为本位的课程。校本课程于 20 世纪 70 年代兴起于英美等西方发达国家，随着 90 年代中国的课程改革而被引入，并逐步受到重视。2001 年，我国教育部颁布《基础教育课程改革纲要（试行）》，提出要"改变课程管理过于集中的状况，实行国家、地方、学校三级课程管理，增强课程对地方、学校及学生的适应性。"

开发校本课程具有多重意义：一方面，作为国家和地方课程拓展与补充，校本课程能够充分利用校本资源、体现学校特色和办学宗旨、满足个性化教育教学的需求；同时，相对于以往采用国家统一的课程设置，开发实施校本课程使教师们从国家统一课程的单纯执行者转变为课程的开发、研究和实施者，享有更多的教师自主权，能更充分地发挥个人特长；此外，校本课程开发的主体主要是教师团队（而非个体教师），集体开发校本课程的过程中，既可以发展教师的团队合作意识与能力，也有助于个体教师更新教育理念、完善知识结构、提升研究能力，进而实现共同的专业成长。

进才中学北校积极贯彻国家的新课程政策，倡导各学科组教师集思广益，打造特色校本课程，将校本课程开发融入教师专业共同体实践中。以下以语文组为例，简述教师在校本课程开发过程中的专业发展情况。

首先，教师们实现了课程执行者到开发者的角色转换，从自身兴趣和特长出发，在专家的指导下查阅、收集、筛选和编辑资料，形成完整的特色课程计划。这是一个主动寻求、发现和创造的过程，拓宽了教师的传统角色，提升了教师的专业能力。如：梅逢运老师开发的《与石有约》课，以自己爱好的赏石文化为主题，引导学生从看似平常的石头中去观察大千世界，丈量天地人心，以发展学生的世界知识、观察能力，以及对社会的分析思考能力。吴强老师开设《诗情画意》课程，讲传统诗词文化与现代摄影艺术相结合，指导学生通过摄影习作配以诗文的形式，表达自己对生活的观察、体验和感悟，培养学生的文学和艺术素养。

其次，教师们树立了以学生学习为中心的意识，充分发挥教师自主，从学生需求出发，对国家和地方课程进行个性化的细化补充，精进了课程教学和研究能力。如：依据上海市课程计划的实施要求，语文组教师群策群力，在专家的指导下共同研发了《写字训练教程》。汉字的书写训练是语文教学的重要内容，尽管课程设置中规定有相关课程，但缺失系统化的教学内容，使师生无所适从。为解决之一问题，语文组教师展开了共同探索，筛选出大纲范围内的高频汉字作为练习对象，按照"基本笔画、偏旁部首、钢笔临古帖"三个模块加以编排，打造了一套系统的、三年阶梯递进的写字训练模式。这一过程中，教师们更为深入、全面地理解和掌握了写字教学的方法，提升了自身的专业素养。

最后，在集体探索和寻求外界支持的过程中，教师的团队精神及合作沟通能力得以发展，团队凝聚力得以提升。校本课程的开发需要充分调动学校和社会资源，需要与学生、家长、学科和教育专家乃至社会人士密切合作，教师在此过程中可发展自身的人际沟通和团队合作能力。此外，教师团队内部围绕多种活动进行持续的分工合作，这也将提升团队的凝聚力。如，在语文组特色校本课程的开发过程中，不同的教师分别负责古诗鉴赏、古文鉴赏、古诗词创作、古诗词竞赛、作文竞赛等活动，他们互相帮助和配合，为集体目标共同努力，发展了团队合作与沟通能力，增强了团队归属感和集体主义荣誉感。

二、教师专业共同体的发展期

1. 在分层培养中实现教师发展

仅依靠传统的教师培训无法有效促进教师专业发展，但同时，在建设初中教师专业共同体的过程中，也无法完全脱离传统的师资培训活动。建设共同体在于培育利于教师专业发展的环境和土壤，在此过程中，优质高效的师资培训活动仍是教师专业成长的重要"营养"来源。进才中学北校的师资培训由不同层次的多种活动构成，例如：浦东新区教师培训、每年暑期的学校全员培训、

"引领教师发展，铸造学校品质"主题培训、新教工培训、班主任见习培训等。伴随着多种培训的交叉进行，进才中学北校在三校师资队伍重组、融合的过程中，逐步探索出对教师实施"分层培养，分类激励"的校本特色培训体系。自2007年秋季学期开始，将所有教师根据年龄和教龄分成老、中、青三个层次加以培养。这三个层次的教师各有其特点：青年教师教学经验不足，但通常富有激情和上进心；中年教师积累了一定经验，教学实践和研究能力较强，是师资队伍的中坚力量；老教师教学经验丰富，课堂教学扎实，但不容易接受新事物，教学观念可能相对落后。考虑到这些差异，要对教师们实施分层培养，按需培训。具体如下：

（1）"入格"——即入门阶段，专门针对工作（教龄）不满五年的新教师，旨在帮助其缩短磨合期，尽快适应教学工作。凡符合条件的教师被要求必须参加此培训。入格培训与浦东新区见习教师规范化培训相融合，目前已形成多方配合、多模块的系统培训计划（参见表3–1，以2016—2017年度培训计划为例）。该计划的实施主要依托学校发起的"青蓝一对一"师徒结对工程（简称"青蓝工程"）。在为期一年的见习教师基地培训时间里，学校为每一位新教师安排了一名专业发展突出的教师（区级学科带头人、骨干教师或高级教师）为学科带教老师，以及一名有经验的班主任为班主任带教老师。带教导师们会帮助新教师做好教学生涯五年发展规划，与之共同完成课堂教学展示、量化考核等具体任务。培养计划中设计了多样化的活动，包括参加专题培训、观课与评课、设计教案、说课、开诊断课和公开课、新教师沙龙、到名校观摩学习等。

表 3-1　进才中学北校"入格"教师培养计划（2016—2017 年度）

培养模块	培养任务	时间
职业修养与师德	根据见习教师规范化培训要求，撰写个人参培计划	2016 年 8—9 月
	至少阅读一本有关职业修养与师德的书，撰写读书笔记	2016 年 9—11 月
	撰写见习教师专业发展体验随笔不低于 6 篇	全学年
	对照个人参培计划书进行自评，撰写培训总结	2017 年 6 月

	研读学科课程标准，参加课表解读培训	2016 年 8—10 月
课堂教学	观摩培训导师课堂至少 10 节，撰写观课总结	全学年
	观摩其他教师课堂至少 20 节，做好听课笔记	全学年
	选一个单元进行教材分析，设计教案、板书、说课提纲和学生作业；教研组内说课；上一节诊断课	2016 年 9—12 月
	设计、实测并分析单元试卷；期中 / 末考试班级质量	2017 年 2—3 月
	检测分析在导师指导下，观摩并点评其他教师课堂至少 3 节	2016 年 11—12 月；2017 年 3—4 月
	完成正式试教 3 次	
	开设 3 次公开课（新课、复习课和测评课）	
	观摩导师拓展选修课，完成 1 门选修课构思和课程	2017 年 4 月
班级管理	在聘任学校主持班会、参加学生座谈会、家访各 1 次	2016 年 10 月 2017 年 2 月
	在聘任学校策划和主持主题班会、班级社会实践活动各 1 次；在基地学校参加这两项活动各 1 次	2016 年 11 月 2017 年 3 月
	班级情况分析 1 份；学生个案分析 2 份；	两学期期末
教学研究	精读导师推荐专业书 1 本，撰写读书报告	全学年
专业发展	参加新区集中培训，参与教研组活动，策划备课活动	全学年

案例 1：进才中学北校教师分层培养之"入格"教师培养

D 老师，2013 年从华师大毕业应聘进入进才中学北校，担任英语教师。

2013 年 9 月至 2014 年 6 月，D 老师在本校参加见习教师规范化培训。学科导师周清（教研组长、区骨干）细致耐心，指导她研读学科课程标准、进行单元教材分析、教案设计、开设诊断课、设计学生的单元作业、设计单元检测试卷、进行考试质量分析、观摩导师团队不同类型的课、点评其他教师的课、进行公开教学汇报、进行拓展型选修课的构思与教学等，使得她全面了解如何实施教学的五环节，并在教学工作中体现进才中学北校英语教研组的学科规范。

班主任导师戚颂宇（校德育特色教师）带班非常有经验，往往能四两拨千斤，解决一些棘手的问题。在她的指导下，D 老师学习班级管理工作，如：就某个主题召开班干部会议、学生座谈会、进行家访、策划并主持主题班会、班级社会实践活动等。戚老师的智慧与从容也常常感染着她，影响着她。在戚老师的指导下，见习教师规范化培训师德征文比赛中 D 老师获一等奖。

入职的第二年，D 老师依旧按照学校课程处 1—5 年内的新教师写详案的要求，对每堂课都进行充分的准备，预设课堂上学生可能出现的问题以及解决的办法。这样的坚持帮助她在浦东新区 2013 年见习教师基本功跟踪考评课堂教学设计比赛中获得一等奖。

2014 年 12 月，D 老师又参加了第八届浦东新区中小学信息技术与教学整合竞赛，这对一位工作才第二年的青年教师来说是很大的挑战，但是她的背后是一个团队，团队中的特色教师、骨干教师以及学科带头人都给她进行指导，团队中的其他曾获过一等奖、二等奖的青年教师也来帮她完善教学设计，这样的支持帮助她获得了浦东新区第八届浦东新区中小学信息技术与教学整合竞赛二等奖。

学校对青年教师信息素养的培养也非常重视，D 老师作为青年教师中的一分子 2014 学年参加了校"英特尔未来教育"项目设计以及混合式学习的培训，2015 年参加了"智慧教室"的培训。培训中，她不仅完善着自己的教育理念，更是在日常教学中积极实践，运用新技术提升学生的参与度和课堂教学的效率。在 2015 年浦东新区二署三校联合体"五四"青年教师"晒课"大赛中，D 老师又荣获一等奖。像 D 老师一样，目前学校已经有十几位新老师处于"入格"培养阶段，他们在带教老师的专业引领下，在学校所搭建的各种平台上，通过自身不懈的努力，快速地成长起来，并且有的新老师已经开始逐渐在教坛崭露头角。

（2）"升格"——主要针对入职 5—10 年的青年教师，旨在培养一批师德高尚、教学理念先进、教学与科研能力强的优秀青年教师，全面提高学校教育质量和办学水平。该项目的实施有望产生更多的区级骨干教师和中高级职称教师。

升格培养以学科为小组，每个学科组3至5人。学校聘请专家每月来校一次，对升格教师进行面授指导。专家主要有两类，一是经验丰富且时间充裕的退休专家，二是高水平的在职教研员和特级教师。专家指导的形式多样，包括讲座、交流研讨、学科小组观评课、论文撰写个别辅导等。具体内容主要包括：①引领教师学习新的教育教学理论和学科专业知识，提高理论素养，完善专业知识体系；②引领教师学习现代信息技术与教育技术，提高融合教育技术于教育教学的能力；③专家进行课堂教学实践指导，帮助教师不断提高教学能力；④教师从教学实践中发掘研究点，在专家的指导下进行教学研究，撰写教学案例和论文。

除上述方面的专家指导外，学校还为升格教师打造了各种交流平台，例如每学期一次的教学展示课（校级或区署级）、骨干教师带教、课题研究等。一大批年轻教师通过升格培养，专业发展成绩显著。尽管原则上教龄5年以上的教师可自由报名参加升格培养，但由于教师间已经树立了积极向上的学习氛围，不报名参加几乎被默认为不求上进、错失进步机会。因此，尽管学校层面不予强求，教师选择不加入难免需要承担一定的思想压力，因此很少有教师主动选择不参加。目前学校有二十多位教师正在参加升格培养。

案例2：进才中学北校教师分层培养之"升格"教师培养

XY老师，2009年从华师大毕业，通过新教师招聘，成为进才中学北校的英语教师。入职第一年，见习教师培训，学校为安排SH老师（区学科带头人）担任她的带教老师。平日里，XY老师积极听师傅的课以及教研组里其他有经验的老师的课，保证每学期20节以上，通过学习与思考，最终运用到自己的课堂中。第一年学校里的师徒汇报课，XY老师得到了校领导和每一位听课老师的一致好评。新区的新教师培训总结课被评为了优秀。之后的三年，XY老师积极参加了校、区、市，乃至全国的各项教育教学比赛，获得过第二教育署"五四"青年教师教学比赛一等奖；浦东新区信息技术与课堂教学整合大赛一等奖；全国信息化教育教学大奖赛一等奖等。其间，她还代表学校，与长三角地区结对学校开展了一次网络教学及评课活动。

一次次的公开课、一次次的参赛与获奖，就是一次次的蜕变与成长。当然，这都不单单是一个人的成果，而是集备课组、教研组许多老师智慧于一身的收获。尤其是区学科带头人SH和骨干教师周清两位带教老师对她每一次教学展示及比赛进行的指导和打磨。所以青年教师的成长需要成熟教师和整个教研组的支撑。

今年，XY老师加入了升格教师的培养队伍，每月参加一次由学校聘任的专家章老师主持的培训。一轮培训有两年，导师指导学员进行理论学习、课堂教学研讨与改进、教学五环节的落实、教学问题研究、论文案例撰写等。在不断的学习和实践的过程中，XY老师在教学中遇到的问题被层层击破，反思与总结的同时，思路更为开阔了，教学质量也提升了。XY老师的专业发展又进入了一个新的阶段，她不断提升个人素养，钻研进取，踏实而创新地完善着自己的教育教学理念和行为。

目前我校有二十多位教师参加"升格"培养，学校为他们搭建了诸多"升格"平台：每学期一次校、署或区级教学展示课、课题研究、骨干教师带教、走出市外参加教学展示观摩、研讨培训，促使他们快速成长，不仅获得职称的晋升，还成长为署、区级骨干教师。

（3）"风格"——主要针对具有较强教学能力、鲜明教学风格和发展潜力的学校骨干教师，旨在造就一批市、区级教学能手、学科带头人，引领学校教师队伍的发展。骨干教师是学校师资队伍中的精英分子，是学校后续发展的中流砥柱。他们具有强烈的责任感和事业心，扎实的专业知识和教学基本功，勇于尝试新的教育教学理念。因此，"风格"培养的宗旨是"搭台唱戏"，即创造机会帮助优秀教师"走出去"，在各种场合展示进才中学北校的教师风范，使其在所在学科，甚至整个初中教育界树立美誉，扩大影响力。

"风格"培养的具体内容包括：①通过智力投资、经费支助等督促骨干教师结合自己的教学特长确立课题，进行教育科研，提升科研能力；②担任"青蓝一对一"师徒结对工程导师，承担带教任务，发挥引领作用，在带教过程中

"教学相长"，实现自身发展；③设立"进才中学北校教育论坛"，开展学术活动，将他们各自的教学经验、优秀做法与教学特色与全体教师分享，在总结、分享中提高自我；④代表学校参加展示交流：风格培养教师须积极参加市、区、署等各级教学展示和比赛，每学年至少开设一次区级以上公开课或示范课，在比赛和公开交流中展示自己特色，追求专业发展。

除上述任务驱动外，学校还制定了完善的评价体系，从师德与工作量、在校履职、教学展示及绩效、培训讲座、带教成果、教科研六个方面对风格教师加强考核，优中选优，以评促发展。风格教师的培养也为选送区、市骨干教师和市名师积累了后备力量。

案例 3：进才中学北校教师分层培养之"风格"教师培养

SH 老师，2005 被评为浦东新区英语学科初中学段骨干教师，2007 年被评为浦东新区英语学科初中学段学科带头人，2007 年评上高级职称。学校对成熟型的教师有着更高的培养目标：参与区市组织的较高层次的专业培训，进一步提升学科带头人的专业素养；学科带头人应严格按照教学"五环节"要求认真从教，所教班级的教学成绩有明显提高；每学年开设一次区级以上公开课或示范课，展示自己的特色；积极参加并组织学校日常的教研活动，在本学科主题教研活动中应作中心发言；参与或主持学校乃至区市的教育科研，撰写课题报告或论文，在区市的刊物上发表，学校给予经费上的支持；承担带教任务，帮助青年教师提升教育教学能力，发挥示范引领作用；承担区里中心组成员组织区级的教研活动，作专题发言，参与命题，质量分析，观课评点等任务。

SH 老师于 2009 年 12 月完成浦东新区英语教师高端培训，完成 ICELT 课程，获优秀学员称号；2011 年 6 月，获得浦东新区英语教师高端培训"TT"课程的结业证书和最佳学员奖；2011 年 9 月—2013 年 6 月，参加浦东新区"吕晓兰名师工作室培训"合格结业；2013 年 10—11 月，参加浦东新区英语教师境外培训，合格结业；2015 年 7 月，自费赴美国亚特兰大 Woodward Academy 学习英语。

　　SH 老师每年在区以上层面进行公开教学展示：如 2009 年 10 月的上海市中青年教师教学评优活动，"Numbers:Everyone's language"获上海市英语学科二等奖；2011 年 6 月的写作课"The ways to improve my English"在全区初三教研活动上进行展示；2013 年 12 月在新陆中学支教期间向该校教师展示的"International food festival"帮助青年教师了解上课的基本规范；2014 年 3 月与区内其他几位骨干教师上了听力研讨课"What will I be？"获得区内同行的一致好评；2015 年 5 月初三送教到校公开展示课"The lesson from an argument"对初三毕业生的作文指导做了新的尝试。SH 老师作为区中心组成员，组织过多次区级的教研活动，并做过多次经验分享和主题发言，如"How to teach reading""How to teach vocabulary""How to teach writing"及"How to review grammar"等，通过理论与实践相结合的形式，引导同行更好地开展语言教学。

　　SH 老师在 2011—2013 参与了区教研室牵头的项目："国家课程体系实施的校本化实践文科类教学的有效性实践"的研究；2012—2013 年参与了区教研员周丽英老师负责的"提高初中英语复习时效性的策略研究"的课题；其间她撰写子课题报告，撰写论文"有效进行初三英语作文批改与讲评"以及案例发表在"浦东教育研究"上，获得了教育科研层面的专业发展。

　　SH 老师带教过校内的青年教师、校外青年教师、支教学校青年教师、师范院校实习生、见习教师共二十多位，帮助校内多位青年教师参加区市乃至全国的各类比赛，获得较好的成绩。2013 年 7 月，她去贵州威宁二中参加教学交流活动，开设了题为"Airport Express"的展示课，获得了听课教师的一致好评。2013 年—2014 年 9 月，她在第二教育署新陆中学进行支教，除完成教学工作外，带教了 4 位青年教师、参与教研组建设工作、针对该校学生的需求完成了 6B，7A 和 7B 学案的编写。她接待了多批外省市来我校学习的老师。作为培训师她参与浦东新区英语教师培训"TKT 现场教学实践指导"，发挥学科带头人的辐射引领作用。

　　（4）"品格"——主要针对完成"风格"阶段培养计划的优秀特色教师。

理论上讲，每个教师都有自己独特的风格，包括教师在课堂上的气场、语言风格、课堂掌控能力、思维方式与能力等。重视特色教师的"品格"培养，依托"初中学校特色教师培育的实践研究"项目，通过参加市级名师工作室、教师工作坊、教师专业发展共同体等途径，培养一批师德高尚、理念先进、专业知识扎实、教学风格独特、教科研能力强的学者型教师和专家型教师。

对"品格"教师的具体要求包括：①师德高尚，在学生思想工作和班主任管理方面有突出的专长和丰富的经验；②工作量足，课堂教学效果显著，教育教学成绩突出，学科教学质量名列市、区同类前茅，有区、市级以上优质课教学、各类教学比赛中获得优异成绩；③具有所教学科系统扎实的基础理论知识，教育教学艺术精湛，个性风格鲜明，勇于创新，出版过有一定学术价值的专著，或独立发表三篇以上有较高学术水平的论文，主持过市级以上重大课题研究；④积极培养青年教师，推动学校及浦东新区乃至上海市的教育教学改革和学科建设，成效突出，在市级以上开设过较高水平的公开课、示范课，承担过市级专题讲座或应邀作学术报告；⑤具有高级以上职称，是区级骨干教师或学科带头人。

2. 聚焦师德的教师发展

初中阶段是学生确立人生观、价值观和世界观的关键时期。教师的一言一行都将对学生三观的形成产生潜移默化的作用。教师的职业道德修养水平是教师整体素质的基础，没有高尚的师德，再高的教学能力也将成为无根浮萍。何况，高度的职业热情和奉献精神也是促使教师不断钻研、提高教学水平的持续动力，一个师德水平不高的教师往往也很难成为教学能手，更难获得学生的爱戴。美国教育家丽塔·皮尔逊在其题为"每个孩子都需要一个冠军"的TED演讲[1]说道，"孩子们不会从他们不喜欢的人那里学到东西。"可见，师德教育是教师发展的重中之重。在紧抓日常教研和教师培训活动的同时，进才中学北校持续开展

---

[1] 视频来源：https://v.youku.com/v_show/id_XNTcwNzk5NDIw.html？spm=a1z3jc.11711052.0.0&isextonly=1.

师德教育活动，以不断提高教师的职业修养。通过一系列活动引导教师们共同学习、互相督促，通过评比活动树立先进典型，聚焦师德引领教师发展。

（1）定期组织有关教师职业道德的学习活动，如听讲座和学习先进事迹等。其中一个固定活动是，每年暑假组织有关专家来校作师德学习报告。现将近几年的报告列表呈现如下：

表 3-2　进才中学北校近年来组织的师德报告

年度	报告标题	报告人	主要内容
2013	对"立德树人"目标的课程思考	进才中学北校周处长	有效课程与有效课堂、如何在学科教学中培养德行与人格
2014	以智慧成就优雅——我心目中的好老师	华师大教育管理系李伟胜教授	通过"好老师"安利启迪教师在师生交流中用心点拨与呵护学生，激发学生活力和潜力，规划其长期发展
2015	时事政事	上海市委党校胡伟教授	国家制度体制分析、依法治国的伟大变革以及我国的反腐措施
2015	播撒希望，放飞梦想	进才中学北校金校长	当前教育形式分析以及学校发展新思路
2016	把"立德树人"作为教育的根本任务	进才中学北校金校长	十八大报告中"把立德树人作为教育的根本任务"的内涵；立德树人目标的具体化：立25德；树三大公民培养目标
2017	闻鸡起舞，撸袖实干	进才中学北校金校长	加强师德师风建设，基于干部队伍和教师专业新发展，建设人力资源的校本高地
2018	养正逐梦，教泽流芳	特级教师、上海市教委教研室原副主任赵才欣先生	校训"养正拓新，进德达人"是核心办学思想，教师通过良好的师德培养学生要坚守正道、正统、正直、正气、正义、正常之规则

（2）开展师德评优和交流活动，树立典型，发挥先进的示范和引领作用，例如评选师德标兵、优秀班主任、感动进才中学北校的教师、金爱心教师等。

以"感动学生的教师"评选为例，学校自 2006 年开始每两年评选一届，每届评出十名模范履职、品德高尚的老师，从业务过硬的教学骨干到服务教工的工会组长、从爱生如子的班主任到热心助人的普通教师、从事无巨细的教辅人员到责高任重的管理岗位，他们在不同的岗位上展示了爱岗敬业、甘于奉献的精神，为全体师生树立了楷模。

2014 年，学校结合十八大精神，围绕习总书记提出的"有理想信念、有道德情操、有扎实知识、有仁爱之心"的好老师要求，发起"说说我的教育故事"活动，借此挖掘好老师的生命故事、传播其美好形象、传承其崇高精神。活动要求教师们讲述个人和学校教育实践中的真实案例，抒发真情实感。在此活动中，共有 12 位教师分享了自己的教育故事和教育梦想。现择两例作简要汇报：

W 老师通过诗歌的形式讲述了自己班主任工作中的点点滴滴，包括初见新一届学生时的心情、军训中学生们的坚韧耐劳、对调皮散漫学生的谆谆教导、运动会失利后教师与学生的感同身受、学校日常中学生们的小意外、化解学生矛盾于无形等等，字里行间充满了对教师工作的无微不至以及对学生的关爱和期待，令人读来动容。

案例 4：进才中学北校"说说我的教育故事"之《蓦然回首，

成长在你我心灵的交汇处——写给进才中学北校＊届＊班的孩子们》

作者：W 老师

初见时，他们头戴红帽，身着白衣

迈着脚步走进未知却又向往的领域

眼神灵动，传出好奇的讯息

笑容腼腆，藏着感人的善意

他们是进才中学北校的新元素

七班的重音符

初识他们，靠军训这个重头戏

有些孩子咬牙忍耐着大汗淋漓，可让我惊喜

有些孩子体贴地提醒我树荫下躲避，他们真让我感激

还有些孩子主动承担体力劳动，他们太让我欢愉

但也有一些孩子呀

调皮、偷懒、散漫，给了我深刻的记忆

没关系，来日方长

受不住我的苦口婆心

一切皆大欢喜

初次交心，在那个惨遭滑铁卢的运动会

你可知满腔壮志之后的惨败会带来怎样的痛彻心扉

可我那可爱的孩子却睁大双眼，屏住呼吸

准备承受可能会来的暴风雨

我怎能忍心再雪上加霜呢

安慰吧，鼓励吧，表扬吧

学着将遗憾藏在心底

紧张的表情放松了，美丽的笑容绽放了

有孩子跟妈妈说"W老师，有点不一样"

我欣慰于孩子的善解人意

更庆幸那一瞬的正确抉择

从此，我们心心相印，相伴成长

相处的日子，看似平淡如水却并非波澜不惊

今天嘉明割了手指，明天小青断了骨头，后天小诺折了鼻梁

再过几天，又要帮小成和小铭为玉帛而化干戈

我的这些孩子们呀，总是出其不意地制造冲击波

可没有这插曲，我又怎能与他们相识相知

孩子宽容，家长大度，集体有了凝聚力

时光转眼间，只来得及感慨

我想，我会伴他们走得更远

我想，我会记住每个人的模样

我想，我要关注每一点滴的进步

我想参与他们人生中重要的时刻

我希望，当有一天他们破蛹成蝶，走遍人生的山高水长，回首学生生涯

我能成为他们记忆中的一抹亮色

一颗星子，一份怀念

X 老师则以《一路走来》为题，回顾了自己的职业成长历程：初踏岗位，因为听到了一个"传奇"故事而见贤思齐，树立了做一个好老师的职业理想（"我好崇敬这个老师，真希望自己有天也能像这位老师一样，能抓住学生的心"）；对于青年教师阶段密集的活动任务，先是不堪其重、盼望早日结束，到最后终于明白这些历练对于成长的重要（"不经历风雨，怎能见彩虹？"）；在教学岗位上敬业尽责（坚持提前进教室做好教学准备、实验课前会把所有实验预先做一遍以防实验器材有问题而影响课堂教学、实验器材不足时自己动手制作仪器等）；在专业发展上谦虚好学，展现出持续追求专业发展的愿望并付诸行动（"向书本学习，向当代专家学者学习，向同行学友学习"）。这些讲述活动既是教师们自我总结和反思的好机会，更是学校树立典型、发挥正面引领作用的有效举措。这样的主题活动有力地激发了学校教师的职业自豪感、责任感和使命感，促使其坚定教育理想信念，追求更高的职业道德水平。

案例5：进才中学北校"说说我的教育故事"之《一路走来》（节选）

作者：X 老师

自1998年参加工作以来，至今已有16个年头。当过班主任，带过毕业班，一路走来，有欢笑，有泪水，有成功，有失败。直到现在我还一直记得刚踏上工作岗位时，带教师傅跟我说过的这样一件事：有这么个孩子，不爱读书，逃学，

但是只要有物理课，他一定回到学校，上好物理课又马上离开，可见这个物理老师的课他是十分喜欢的，也说明物理课这个老师教得好。我好崇敬这个老师，真希望自己有天也能像这位老师一样，能抓住学生的心。学校对青年教师抓的特别紧，每两周都要开青年教师会议，布置任务，还要参加大奖赛，事情特别多，我当时想什么时候我35岁就好了，就不用参加这些比赛了，现在回头看看，这个想法是多么的幼稚，不经历风雨，怎能见彩虹？

我很清楚自己所教学科在中考中的位置，虽然我不会去占课，不去拖堂，但我会充分利用课堂40分钟。每次都是提前去教室，做好上课准备工作，如：开好电脑，投影、实验仪器准备好，碰到有学生实验课的，每组学生实验器材都要检查一遍，电学实验都要亲自做一遍，以防因为实验仪器的原因影响学生动手实验。当实验室器材比较缺乏时，我就动手制作仪器，吃过的饼干盒子，喝过的矿泉水瓶子，用过的卷筒纸芯子等，都可以作为制作器材的原料，尽量给我们学生创造实验的机会，因为我相信："眼过千遍，不如手动一遍"。

一路走来，在学校各位老师的帮助下，我也慢慢地成熟起来，虽说也取得了一些成绩，但我知道为了能做到给学生一杯水，自己首先要有一桶水，于是我遵循于漪老师的教导：向书本学习，向当代专家学者学习，向同行学友学习。向书本学习，更能让我认识人生的境界，并受到激励，我定期会到图书馆借一些书籍，有关于物理教育教学方面的，也有关于人文、科研方面的；向当代专家、学者学习，能从前辈的身上汲取更多的经验，渐渐看清自己前进的方向，如果有物理讲座的，我一定去听；向同行学习，能让我在教学实践中打开视野，以能者为师，"路漫漫其修远兮，吾将上下而求索"。

与自我讲述相呼应，学校还发起了"夸夸我们身边的好老师"活动，由身边人讲身边事，以身边事教身边人。在该活动中，教师们主动、真诚地发现彼此的闪光点，他们对身边好老师的介绍情真意切，真实感人。例如，一位好老师夸赞者通过洋洋洒洒五千字向我们讲述了进才中学北校曹静老师的感人事迹。讲述中提到了四个真实感人的故事。

故事1：《教育，因爱而充满希望》　曹老师给来自单亲家庭的S孩子慈母般的爱,将他从歧途中拉了回来,学生称她为"妈妈"。

曹老师发现班里有个叫S的男孩特别粘人。每次和他讲话时,他都喜欢往自己身上蹭,这让年轻的曹老师有些尴尬。后来才知道,S从小父母离异,一直跟爸爸生活。爸爸工作忙碌,顾不上和孩子多交流,所以S特别渴望他人的关注和爱护。了解情况后,曹老师理解了男孩的行为,对他加以特别关心:早晨来了亲切地和他打招呼,放学的时候叮嘱一句"路上慢点走,注意安全";他生日的时候在他课桌里放一块蛋糕……有次午休的时候,曹老师给S辅导功课,他脱口而出:"妈妈,这个题怎么做?"曹老师先是一愣,随即开心地答了一声"哎",脸红的S在心底又有了温暖。

随着进入青春期,S和爸爸的矛盾越来越大。爸爸觉得儿子越来越不听话,学习不认真,还沉迷网络;儿子却觉得爸爸整天不着家,好不容易回到家后却不管别的只是逼着他学习,根本没有家庭的温情。S不愿待在家里,经常去同学家玩,可总打扰同学也不方便,久而久之就发展到和网吧里、社会上的闲杂人等混在了一起,甚至夜不归宿。那个阶段经常看到曹老师接了电话,就发动同学和家长们提供线索,一家一家地打问。有天上午,S爸心急火燎地来到学校,找到曹老师开始哭诉:"这孩子一夜没回来,刚拿着陌生人的手机给我发了一个消息就完事了。打过去对方一听我是S爸爸就把电话给挂了,你说急死人不?"曹老师一边安抚S爸,一边拨通那个号码:"你好,S和你在一起吗?我是他妈妈,他一晚没回来,我很担心也很着急,能让他听电话吗?"这次对方被这个"妈妈"焦急万分的声音感动了,把电话递给了边上的S。一个多小时的耐心沟通后,S终于答应来学校。看到站在面前的孩子,曹老师一边嗔怪:"你这臭孩子真要急死我们啊!"一边却紧紧地搂起孩子的手……

在曹老师母亲般的坚持关怀下,S最终顺利完成了学业。毕业典礼上,S爸激动地说:"是老师用爱心温暖了孩子孤单的心,我作为家长没能照顾好孩子的时候,是老师用耐心、宽容和坚持让孩子看到希望。这四年来,如果没有曹老师不离不弃的关怀,孩子早已误入歧途。我和儿子一辈子都不会忘记曹老师!"

故事 2：《特别的爱给特别的你》　　曹老师对因病痛困扰而受人歧视、性格暴躁的学生 H 不离不弃，给予特别的爱，帮助他完成初中学业并顺利升学。

曹老师的学生里有一个叫 H 的男孩，被严重的皮肤病困扰，浑身上下的皮肤被挠得没一块是完好的。因饱受病痛折磨，H 脾气暴躁。第一次家访时，H 就多次打断老师和父母的交流，咬牙切齿地向老师控诉，都是父母害他变成这个样子，等他长大了要把他们全部抓进监狱。曹老师内心像压了一块石头，透不过气来。离开 H 家的路上，想着 H 那充满恨意的眼神和手臂上一道道血淋淋的抓痕，曹老师开始思考，怎样才能帮帮这个可怜的孩子？

9 月开学正值上海炎热的夏季，H 手臂上的抓痕暴露在新同学面前。同学们嫌弃 H 脏，又担心会被传染，所以都远远地避开他。只有曹老师经常主动关心他：知道他一直挠皮肤，就买来洗手液和餐巾纸，叮嘱他勤洗手，避免感染；平时听到哪里有治疗皮肤病的专家或者特效药物，她也会第一时间和 H 妈妈交流。H 皮肤发病最严重的时候，脸上的伤口还会流脓水，好几次都滴在曹老师的桌子、本子上。看着孩子尴尬的表情，每次曹老师都会轻声细语地说："没关系，我擦掉就好。但你不要再抠了，感染就不好了。"

看到曹老师对 H 的热情关心，同学们也慢慢接受他融入集体。但随着学业的开展，新问题又出现了。H 上学随心所欲，常常中午才来学校，晚上拖到七八点才离开校园。曹老师及时和 H 深谈才发现，并不是大家想象的厌学、贪玩，而是他每天晚上奇痒难忍，经常挠到凌晨才能睡着，早上总起不来；至于不回家，是因为在学校里还能尽量克制住不去挠，可以学点东西。听到这里，曹老师非常心疼，主动找到学校领导沟通，争取特殊对待。从此，曹老师每天都会叮嘱班干部帮 H 把上午的课程笔记留好；中午帮他把饭留好；放学后，为了确保校园安全，不顾自己还要走一个半小时回家的路的曹老师常常义务留下来给 H 补习功课……就这样两年下来，H 虽然挂科不少，但曹老师教的英语他总能考到七八十分。他知道只有这样才能回报老师对他的好。

因为病痛折磨，H 的暴躁仍不时爆发。有一次在考场上，因为前排同学传卷子的时候，不小心把卷子扔在地上，他立刻冲出来要和同学打架，监考老师拦也拦不住。曹老师闻讯飞速赶到考场，一把抱住 H，让他慢慢冷静下来。看到曹老师这样忙进忙出，H 仍问题百出，有人劝她不要再管他了，可每次曹老师都说："孩子身体有病已经很可怜了，如果我再不理他，那他就真完了。"做过班主任的老师都知道，班级里有一个问题儿童要牵扯多少精力，但四年来从没听曹老师抱怨过 H 一句。她不抛弃、不放弃的爱心教育让这个身体饱受折磨的孩子度过了温暖而上进的四年时光。如今，H 已考上一所理想的中专，每年都会来看望曹老师。每当听到 H 幸福地回忆起初中生活的点点滴滴，曹老师就觉得所有的付出都是值得的。

故事3：《慈是爱，严更是爱》　曹老师对因家庭教育不当而骄纵蛮横的学生 K 严慈并用，帮助她改善了性格和行为。

还没接班前，政教处老师就告知曹老师，这个班有个叫 K 的女生，任性轻狂，经常和同学闹矛盾，惹是非，请曹老师要多加留意。果不其然，开学第一天，K 就因和人斗殴、未占上风而报警，直接进了派出所。忙碌了一天正准备回家的曹老师接到电话，立即赶去派出所。在那里和 K 爸妈接触后曹老师发现：这个爸爸过于溺爱孩子，不允许任何人说 K 一点不是，连妈妈批评女儿也不行，所以造成 K 骄纵蛮横的性格。K 爸在派出所里，根本不管是自己女儿惹起事端，反而一直扯着嗓子骂别人。看到这样的家庭，曹老师明白，要想让 K 今后具备正常的人际交往能力、与同学和谐相处，不仅要关注 K，更要找机会从她的父母入手。

开学后，曹老师就打起十二分的精神，特别关心 K 的生活和学习，还经常和颜悦色地主动找她聊天、谈心。可是任性的 K 根本不吃这一套，继续她三天一小吵，五天一大闹的风格。在班级和同学吵架、和任课老师顶嘴是家常便饭，和同学之间的纠纷也频频发生。看到这样的情况，曹老师坐不住了。虽然她是一个关心呵护学生的"慈母"，但更是一个工作尽职尽责，眼里容不得沙子的"严师"。所以当 K 再一次闹事时，她找准机会，把 K 的父母和她本人"狠狠地"批评了一顿，又推心置腹地与家长沟通，坦率地点出 K 如今行为态度的归因。

K爸爸承认孩子非常任性，虽然作为父母也很后悔，但面对这样的境况已经无计可施。看到家长懊恼的表情，曹老师趁热打铁地指出："我们现在要一起想办法帮她改掉这些坏毛病呀，否则这种性格在社会上不知要吃什么亏啊。现在孩子还是对我这个严厉的班主任有所忌惮，自从我接班之后，恶性事件少了很多，说明教育还是有效的。你们家长要支持我的教育，出了事情不要一味帮着孩子辩解，要坚持立场，有错必究，这样我们才能形成合力……"在和家长达成共识后，曹老师又经常单独和K聊天，从她和父母的关系，到和同学的关系，以及已经和社会不良青年的交往问题，都推心置腹、站在关心她成长的角度帮她分析问题，让她明白老师是关心她的未来，不希望她因为年少轻狂而吃亏、受伤。渐渐的，K发生了改变。K的父母也从过去眼睛里没有老师，变成凡事愿意和老师沟通，不为孩子乱撑腰了。虽然K还是偶尔会惹出事端，但曹老师坚信慢慢来，K的进步可期——虽然学校教育不是万能良药，但能有家庭教育的配合，润物细无声的改变就已经在发生了。

故事4：《爱让我们一起勇往直前》 曹老师对学业垫底的班级无私付出，使得班风大变，学生们燃起对未来的希望，积极追求上进。

刚带完一轮毕业班，没有休息调整，学校又委以重任，让曹老师中途接手出了名的问题班——初二14班。因为这个班级纪律涣散、各科成绩统统垫底，曹老师经常加班加点，利用午休和放学后的时间给学生补缺补差。两年来她一心扑在班级，不是在教室，就是在去教室的路上，很晚回到家后还要和家长沟通学生的问题行为。进入初三，曹老师更是为了班级能保持来之不易的秩序，并能有个好的毕业成绩而拼命工作，终于因为劳累过度引发了带状疱疹，情况严重，医生要求立即住院治疗。曹老师虽然听从医生安排入院挂上了点滴，但脑子里却还想着班级纪律谁来管？英语课谁来上？放心不下的她，每天在医院吊完点滴后又偷偷溜回学校来上课，结果直接晕倒在讲台上，真把同事和学生吓坏了……由于曹老师的全情付出，14班发生了翻天覆地的变化，班风、学风、学科成绩都有了明显进步。家长们激动得说："来了这么一位好老师，咱们班有希望了！"如今中考在即，学生们都满怀斗志地为了理想而努力拼搏。

他们一有空就围到曹老师身边："曹姐姐，今天单词要背吗？""曹姐姐，你能给我讲一下这个知识点吗？"看到学生们的点滴改变和进步，曹老师倍感欣慰。

在这样的讲述活动中，大家在向榜样看齐的同时也提升了对自我的要求，在互相肯定、互相学习中树立了友好和谐的同事关系，在潜移默化中激发了全体教师在提高师德修养上的自律和上进心。

（3）贯彻落实《教师职业道德规范》，通过集体讨论完善进才中学北校教工行为规范和师德规范准则，做好师德考评工作；制定《进才中学北校教职工社会责任感评价量规》（以下简称"量规"，参见表3-3），做好教师社会责任感考评工作。从该《量规》中可见德育共同体的具体工作，以及进才中学北校对教师职业修养和师德的具体要求。《量规》从"在校表现"（70%）、"社会角色"（15%）和"家庭义务"（15%）三大维度考核教师的社会责任感，每个维度下设若干细分指标，构成量表的9大参数，各参数下设若干细则标准。除表中已呈现的维度、参数和细则外，《量规》原文中还明确列出了每个评分细则所涉及的应扣分或可酌情加分的情况，如："凡上班迟到或早退、缺席教工大会、缺席升旗仪式、在工作时间内做私活者，发生一次扣1分"（1.1.a）、"为学校发展积极献策并被采纳者加1至2分"（1.1.b）、"学生测评不满意率每超过5%扣2分"（1.2.a）、"无故缺席教工文体/培训活动者，一次扣1分"（1.2.c／1.4）"体罚或变相体罚学生一次扣3分，后果严重者一票否决"（1.3.a）、"在领导同事背后议论是非，或在公共场所与同事发生争执，每次扣1分"（1.5.b）、"被社区评为文明家庭或学习型家庭者酌情加分"（3.2）等。这些评分要点的备注使得较为抽象的评分标准得以具体化和量化，大大增加了量规的可操作性。该评价量规的实施由学校党支部、工会、人力资源处、学生处、课程处、年级组、教研组、学生代表、家庭和社区共同进行，每一个评分单项的评价主体都在量表中明确标注。

表 3-3 《进才中学北校教职工社会责任感评价量规》要点 [2]

维度	参数	细则
1. 在校表现	1.1 参与学校工作	a.遵守学校规章制度，服从组织分配，创造性地开展工作（5 分）
		b.有主人翁精神，积极参与学校活动并有意识地积累资料和存 档（5 分）
		c.正确处理国家、集体和个人利益关系，克己奉公，甘于奉献（8 分）
	1.2 重视精神需要	a.工作中恪尽职守，精益求精，常有创见，业绩优秀（5 分）
		b.为校园文化和学校精神文明建设尽心尽力（5 分）
		c.坚持锻炼，积极参加教工文体活动，坚韧不拔，乐观向上（5 分）
	1.3 关注热爱学生	a.公正对待每一位学生，对学生做到全员、全程、全面负责（8 分）
		b.教书育人，帮助学生树立正确的人生观和价值观（8 分）
	1.4 崇尚知识真理	刻苦钻研业务，不断反思改进教学；积极参加各类培训，终身 学习；把优良传统和先进理念有机结合，提升工作表现（5 分）
	1.5 注重自我形象	a.言行举止为人师表，工作学习恒念教书育人（8 分）
		b.有团队合作意识和集体荣誉感，为人热心，处事公正（8 分）
2. 社会角色	2.1 关注社会发展	a.关心国家大事，热心慈善公益事业，以己所长服务社区（3 分）
		b.在公共场合争当有道德、讲文明、洁品行、重环保的表率（3 分）
		c.与邻里和睦相处，热心助人，积极维护社区的安定团结（3 分）
	2.2 遵守法纪道德	a.遵纪守法，努力维护公共秩序，积极参加创建精神文明的活 动（3 分）
		b.明辨是非，见利思义，乐群利群，团结友善，讲究社会公德（3 分）

---

[2] 为呈现《量规》的要点，此表在《量规》原文的基础上进行了简化。

3. 家庭义务	3.1 实践尊老爱幼	a. 敬老奉老，履行赡养职责（3分）
		b. 尊重配偶，能够理性处理各类家庭问题（3分）
		c. 正确引导教育下一代，讲究教育方法，赢得后辈的尊重（3分）
	3.2 创设进取氛围	作风民主，鼓励家庭成员不断进取，努力创建和睦的学习型家庭（6分）

须指出的是，聚焦德育的教师发展不止于师德教育，还致力探讨如何促进学生德育的发展。德，是为人之本；育人，离不开德育。促进师德水平和教师职业修养是进才中学北校德育发展共同体的首要任务，也是对学生展开有效德育的前提基础。在采取前述活动促进师德发展的同时，还努力探索如何将两纲教育、学校感恩教育等德育课题渗透到学科教学中，以达到在"教书"中"育人"的目的。

3. 以课题为抓手的教师发展

共同体在前期专注教师教学能力的基础上，有意识地逐步转向教学与科研并重，带领教师开展课题研究，将自身的教学经验和专业发展经验提炼升华为研究成果，从而提升教师的科研意识与能力。为促进学校教师的科研能力提升，进才中学北校着力打造课题研究团队，以课题研究引领教师专业成长。

一方面，学校牵头积极申报国家、上海市、浦东新区等各级各类纵向课题，以集体申报和开展课题研究的形式，在教师共同体中树立科研氛围，越来越多教师在课题研究中的积极性被调动起来。近年来的项目择要举例如下：

（1）国家级课题：学校参了"十五"及"十一五"规划国家课题子课题《Intel未来教育与问题化教学》和《信息技术环境下创建区域性教师学习共同体的理论与实践研究》。

（2）市级课题：学校获得立项支持的市级课题——《"独二代"家庭教育的学校支持研究》——探索学校如何为有效的家庭教育提供支持，旨在促进家校合作，进而改善学校和家庭教育工作的实效。目前全校有三分之二的教师参与到该课题研究中，所立项的六个子课题进展顺利，其中校本教材《"独二代"

家庭教育的学校指导手册》已经完成编写并出版。近年来立项的其他市级课题还有：《英特尔未来教育问题化教学在推进新课程中的实践研究》《中学生探究能力的分层培养》《中学德育生活化的研究与实践》等。

（3）区级课题：区级课题《课堂教学改进计划的实践研究》旨在提高教育教学的针对性和实效性，让教师在反思、研讨的过程中转变教育观念，更新教育教学行为。2016年，学校申报了浦东新区教育内涵项目《数字化学习形态的创新实践研究》。该项目基于智慧教室系统和一组一机的日常实验课与研究课，以数字化学习中的不同形态为研究重点，以学习环境设计和实践为视角，聚焦数字课堂中的有效学习与学生核心素养的培养，完善智慧教育中的保障机制，逐步理顺智慧教室建设中技术引进、课堂实践、培训研修、日常管理的关系，提升教师在教学中融合教育技术的意识和能力。2017年，学校申报了浦东新区教育科学研究课题《初中学校教师专业发展共同体培育及运行机制的实践研究》，并在多个校际联合体中进行教师专业共同体实践与研究，开展征文、沙龙、带教、合作对话与分享活动。

另一方面，除积极申报上述各级纵向课题外，学校还设立校内项目，鼓励教师结合自身专长，申报有关学科教学、德育、信息素养、艺体特长培养及社会实践等方面的内涵发展项目，拨发专项经费激励教师开展项目研究，逐步培养科研意识，提升课题研究能力。为此，学校专门设立学术委员会，负责各类项目的立项审批和结项审核工作，通过项目的申请、审批、实施、结项汇报、资料存档等过程，规范学校项目管理流程。从2009年至今，共有11位老师拥有个人的独立课题。每年有一定数量教师的论文在国家、上海市、浦东新区等不同级别的刊物上发表。

4. 依托特色项目的教师发展

在教学科研的基础上，进才中学北校教师专业共同体着力打造多种特色项目组，以促使教师进行全方位的交流，增进教师间的凝聚力和协同创新，打造学校特色。

所谓"特色"项目组，区别于围绕教师常规的学科教学而展开的团队建设，是教师们在共同探索各类创新和特色课程过程中而形成的共同体。进行语、数、外等主要教学科目的学习，是学生在校的主要任务，以便打下扎实的学科知识基础，为升学做准备。然而，学科知识增长不是教育的全部目标。教育是为了培养"完整的人"（whole person），而非知识容器或劳动机器，"完人"的培养离不开艺术人文、生活百科、科技创新等多方面的知识输入、探索体验和熏陶。为此，自2014年起，进才中学北校陆续组建了多个特色项目组，教师们团结协作，协同创新，打造了丰富的校本特色项目和课程。

（1）创新实验室

在常规的学科教学之外，学校打造了学生创新素质培育的实践平台——上海市进才中学北校少年科学院，下设生物研究所、工程研究所、社科研究所，合称"一院三所"（参见下图3-1）。

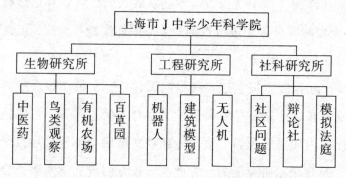

图3-1　进才中学北校"一院三所"组织架构

一院三所以学生自主管理为主，少年科学院院长、各所所长及各社团负责人均由学生担任。在给予学生充分自主的同时，学校也给予积极的人力、环境资源以及制度支持：

* 成立由校长、教师、家长和学生代表、社区代表等组成少年科学院建设指导委员会，沟通信息，整合资源，提供支持；由学校各级领导担任各院所的顾问，参与院所建设与管理；为每个社团配备专业导师，指导学生创新实践。

* 开辟机器人工程创新实验教室、无人机项目实验室、中医药、百草园等

多个专业教室，提供学生实践的硬件保障；举办学生讲坛和各类竞赛，将学生优秀作品推送到校园网络平台，为学生展示创新能力搭建平台。

* 为院所社团设置固定周课时用于创新实践活动时间（每周五下午两节课），形成少年科学院周例会制度，辅以顾问和导师的协助，保证少年科学院的工作的制度化、规范化。

所有参与一院三所学生创新素质培育的进才中学北校教师构成创新实验室，在共同指导学生开展创新实践的过程中拓展自身的专业能力。在此过程中，教师们坚持精细化课程研发，经过多年的实践探索，逐步明确了不同年级学生的创新能力培养目标，并打造系统的、多样化的特色创新课程。这些课程根据组织形式可大致分为三类：一是学习类课程（如急救包扎、中医药、百草园等），这类课程虽仍涉及传统的知识传授，但不必拘泥于传统的教学场所和教学方式，教师可根据需要任意选择适当教学地点，并且主要采用体验式的教学方式；二是活动类课程（如机器人、有机农场、辩论赛、模拟法庭、科技节、艺术节等），这类课程旨在让学生在各类活动中获得对世界的直观体验和认知，强调学生的亲身体验，教师要充分尊重学生的主体性，做好学生的参谋和顾问，不能越俎代庖；三是竞赛类课程（如无人机竞赛、未来之城竞赛、建筑模型竞赛等），这类课程旨在帮助学生开阔眼界，在备赛、竞赛过程中追求卓越，突破自我，充分发挥和展现自己的潜力，比赛是过程和手段，而不是终点和目标。以下简述上述各种课程在不同年级中的分级安排及对应的培养目标，这一分级培养特色课程体系是进才中学北校教师创新实验室的劳动结晶。

* 预备年级：

培养目标："创新素质"的培养，"创新素质"指日后创新意识和能力得以产生和发展的源初性的个性品质，如"好奇心""求知欲""自由思考""怀疑态度"等等。可选择的探究课程：每周一次普及性 STEAM 课程；周五探究社团选择性课程，如机器人工程、无人机、建筑模型、百草园、模拟联合国、有机农场。

* 初一年级：

培养目标："创新方法和技术"的培养与训练。可选择的探究课程为建筑模型、百草园、模拟联合国、急救包扎、金融理财、未来之城。

* 初二年级：

培养目标："创新能力"和"创新精神"的培养和提高。可选择的探究课程为辩论赛、社区探索、模拟联合国、模拟法庭。

（2）艺体特长培养教师团队

艺体特长培养教师团队是指为培养学生在音乐、艺术、体育、科技等方面的特长而从事相关课程开发、教学、学生参赛辅导、社团指导等工作的教师团队。经过多年的发展，学校从最初只有一名艺术老师，发展到今天形成了包含多个艺术团体的教师团队，打造了成熟的艺体特色课程体系，定期组织丰富多样的艺术活动等，践行"以艺辅德、以艺益智、以艺养性"的团队使命，在持续的教师共同实践中实现学生培养和教师专业发展。

课程开发：本着"资源共享、优势互补、文明共建、发展同步"的精神，进才中学北校艺体特长培养教师团队积极借力上海戏剧学院、上海音乐学院、上海市源深体育中心等院校和社区单位，共建艺术、体育和科技等领域的特色课程。截至目前已为学生设计开发了 50 多门艺体科技探究课程，如"民乐""合唱中的和谐""校园戏剧""纸艺""工艺花的设计和制作""世博情怀""文画派对""中医药""体味上海""大师进校园""羽毛球""桥牌""游泳""棋类""人文科技讲堂""环保""天文"等。

学生社团：艺体特长培养教师团队积极鼓励学生建立各类社团，由教师担任顾问协助组织管理，提供活动指导等。目前的主要社团有文艺社团，如校园戏剧社、风筝交响乐团、管乐队、合唱队、芭蕾舞队、文学书社、书画院等；体育社团，如孙俊葛菲羽毛球俱乐部、中国象棋俱乐部等；科技类社团，如学生科学院、小制作和小发明家俱乐部、巧手俱乐部、机器人制作俱乐部等。

特色活动：为丰富学生们的课余生活，充分展示进才中学北校学生的艺术才能，借此打造积极向上的学生文化，而避免出现消极的非主流文化，艺体特长培养教师团队每年组织丰富多彩的特色活动，如体育节、艺术节、科技节、迎新歌会、学生艺术单项比赛（共分舞蹈、声乐、西乐、民乐四个专场）、探究型家庭评选活动等。

在完成上述活动的过程中，教师们不断突破自我，与团队共成长。在一次正文活动中，来自该团队的一位音乐老教师 G 老师从精心打造课堂、悉心带教青年教师、积极开展课题研究、努力丰富课外活动四个方面叙述了自己在团队中的成长之路。她谈到"记得刚开始工作时我所在学校只有一个艺术老师，不管是指导学生，带团比赛，哪怕是参加上海市教学比赛课，都是单枪匹马，偶尔拜请一下名师指导也算有幸而为之。而今天的我们，强大的备课组团队，共同的艺术梦想，充满活力的艺术组，那么多富有创造性的老师们，又让我这个所谓的老教师不敢有一点的懈怠，紧跟教育新形势的脚步，与伙伴们一起成长。" G 老师在课堂教学中精益求精，每堂课精心制作课件，尝试打破传统教学模式，重视学生课外知识拓展，关注艺术类热点话题；作为团队带头人和资深教师，团结协调团队成员的各项工作，为同伴分忧解难，组织教学研讨、集体备课等活动，悉心指导青年教师参加教学比赛，开公开课等，乐于与之分享教学经验和资源；同时利用业余时间积极参与专业培训（如上海市戏剧表演骨干教师培训）、课题研究（如融合信息技术的音乐教学研究）、专题研讨（如上海市艺术教育教学专题研讨）等活动。虽在此过程中投入了大量的精力，倍感辛苦，但在持续的实践探索中提升了自己的教学能力、研究能力和团队领导力。G 老师的职业格言为"做最好的自己，促精致的团队"。其专业发展之路是进才中学北校艺体特长培养教师共同体的缩影。

（3）金融与理财社团

为了帮助学生树立正确的金钱观、消费观和价值观，使其将来能够适应日益发展的中国经济与金融社会生活，改善当前普遍存在的"月光族""啃老族"的社会现象，有必要对新一代的中学生提早进行金融理财教育，培养其财务意识和理财能力，提高少年财商。基于这样的考虑，进才中学北校成立了金融与理财社团，由数学教研组、综合文科教研组的教师们共同策划社团活动，设计开发课程内容，向同学们普及金融与理财常识，开展金融与理财相关实践活动。

金融与理财社团的宗旨和目标为：对学生进行金融理财的基础教育，使其具备基本的金融理财知识、技能与意识，对相关经济活动、人生意义能够做出正确的价值判断；发展学生的思维水平，增强其在社会经济生活中的生存和适应能力；培养学生的经济意识和风险意识，使其发展健全的人格，为将来发展成适应社会主义现代化建设需要的有竞争力的公民奠定基础。"以人为本、育人为本；树立开放的大课程观"是基础教育课程改革的基本理念。《金融与理财》课程及相关社团实践，聚焦与学生未来生活密切相关的理财意识和能力，切实践行"为学生的未来生活做准备""以学生为本""教育是为了每位学生的终身发展"等课程价值取向。该跨学科的课程不仅普及金融知识，让学生初步了解理财技术，更重要的是帮助学生树立对金钱和财富的价值观。某个知识点或某项具体的技能本身并不重要，重要的是学生通过学习了解、活动体验而获得一种发展理念，一种生活观念，一种人生态度。

金融与理财社团的工作内容主要体现在：①打造精细化课程内容，实施理论与实践相结合的教学：引导学生树立理财意识，意识到管理财务的重要性；向学生传授理财基础知识，引导其树立正确的消费观念，培养勤俭节约的传统美德；指导学生联系实际生活，设计切实可行的调查方案，就学生时代的消费和理财问题（如零花钱的使用和存放）展开调查，培养学生发现问题、收集和处理信息的能力，逐步形成积极、主动、合作探究的学习方式；教学生建立个人账本，学会应用计算机分析和管理自身财务（如管理和使用零花钱）；引导学生思考如何实现财务增长，介绍储蓄、股票、基金、黄金、外汇等常见理财方式，鼓励学生选择合适的方式进行理财实践。②开发家庭课程资源，实施家校合作：一方面定期请有金融背景的家长给孩子们做讲座；另一方面，向家长宣讲学校的金融与理财社团的课程建设情况，争取家长的积极配合，发动家长通过给孩子零花钱、与他们共同探讨家庭理财的问题、教孩子炒股票等方式，培养孩子对金钱的概念，教育他们如何适当地使用自己的钱财。③带领学生参加相关竞赛：如金融与理财社团教师曾带领初一年级学生三人组成的代表队，参加上海市"东亚银行杯·金融知识知多少"竞赛，以大比分领先其他对手团队，赢得了竞赛的一等奖。

三、教师专业共同体的提升期

经过前面一个阶段的发展，三校合并引起的管理问题基本理顺，学校教师围绕常规培训和教学开展的团队合作模式基本确立。自 2011 年开始，进才中学北校教师专业发展进入新的发展阶段，呈现出两大变化：一是注重教师信息素养发展，提升教师将现代信息技术与教育技术融于教育教学的能力，打造智慧教师，创建智慧校园；二是由教研组、备课组、青蓝工程等校内局部的教师专业发展团队，真正转向由进才中学北校全体教师构成的专业共同体，在对外交流与服务中求发展，提升进才中学北校教师对全校范围教师共同体的身份认同。

1. 智慧教室助力教师发展

围绕智慧教室建设开展的教师专业发展活动，旨在通过信息化素养培训、融合技术的教学实验等，培养教师们的信息意识、素养和能力，从而能够尝试并逐步有效运用现代信息与教育技术改进教学，最终促进学校教育的信息化水平。

如前所述，进才中学北校自 2003 年开始积极参加多轮 Intel 未来教育培训，并以此为抓手，逐步推进各种信息技术项目，如建立学校网站、校园博客群、教师成长档案、基于校园网络平台的教师研修等。这一系列的探索和举措，为学校初步搭建起网络环境下的教育平台，开展智慧教室引领的教师专业发展奠定了基础。2013 年，智慧教室教师团队成立，经过五年的发展，目前拥有团队成员 28 名，包括 1 名指导专家，1 名管理人员和 26 名学科教师（来自语文、数学、英语、物理、历史、地理、音乐、美术和思品共九个学科）。智慧教室教学项目覆盖来自 27 个班级的约 1200 名学生。以下从两个方面简要汇报智慧教室教师团队的教师发展活动。

一方面，教师们积极参加各种培训和学习活动，通过持续的学习不断提升自我。自2013年以来，开展过的主要教师培训活动有：英特尔未来教育的项目学习、小组合作学习和混合式学习培训、基于TEAM Model智慧教室系统的技术培训、基于"尚学趣—人—机"系统的学习包编辑与使用培训、研读专著《人是如何学习的》并集体研讨等。

同时，教师们坚持学以致用，在智慧教室团队的人力和资源支持下，积极开展智慧课堂实践。学校于2015年9月引进TEAM Model智慧教室学习系统的三个数字实验室以及小组一机的IPad。团队教师每周在三个智慧教室实验室上课，开展移动终端数字环境的课堂实践，在实践课上尝试运用新技术开展互动教学。通过对数字化教学的实践与反思，教师的课堂变革意识和技术应用素养明显提高，涌现出了一大批体现学科课堂变革的探索性课例。近三年来，据不完全统计，团队中13位老师在各级各类教学、课例比赛中获奖29项。2016年10月和2017年11月，进才中学北校智慧教室教师团队教师两度联合多所兄弟学校举办"打造数字课堂，提高教学实效"主题研讨活动，交流智慧课堂的实践经验。

另一方面，教师们坚持教研相长。随着课堂探索与变革的不断深入，智慧教室教师团队开始尝试针对这些探索和变革实践展开课题研究，并取得了丰硕的成果。2016年，基于智慧教室实践的项目《数字化学习形态创新实践研究》荣获浦东新区教育内涵优秀项目；2017年，获上海市教委立项支持的"英特尔数字化环境下的课堂教学变革创新实验项目"顺利解题；2018年，团队继续探索数字化学习形态下的课堂教学变革与创新，探索如何通过理念和技术的融合促进课堂上的师生情感交互、行为交互和思维交互，实现学生自主、高效、个性化的学习，提高教学有效性。

2. 校际教师团队联合发展

经过长期的实践探索，进才中学北校内部建立起多种教师发展团队，教师们在各个团队中进行频繁交互，互助合作，共同发展，形成了团结向上的团队文化。然而，多次非正式访谈表明，尽管多数受访教师认同自己不同教师团队成员的身份，并肯定了团队合作与交互在个人专业成长中的重要作用，但他们对将进才中学北校作为一个共同体的认同感不足。要提升教师们对"进才中学北校教师专业共同体"的认知度和身份认同，必须带领教师们走出进才中学北校，在更广阔的范围内进行交互协作，在对外交流中求发展。为此，进才中学北校开始在所属教育集团、教育署、浦东新区乃至上海市范围内开展教师发展实践。

（1）教育集团层面的教师发展

2015 年 9 月，进才中学北校作为核心单位之一的上海市 C 教育集团正式成立，成为浦东新区的体量最大的教育集团之一，包含 14 所学校和两个街道。该教育集团的成立是浦东新区探索集团化办学的重要举措。"集团化办学最初出现在 20 世纪 90 年代，是一种以契约为纽带构建的大规模多层次组织形态，是通过优势互补或以强带弱，推进教育资源优质均衡发展的办学模式。从形式上看通常是以名校为龙头，依据共同的办学理念和章程组建学校共同体，整合学校的教育资源，在学校规划、日常管理、课程建设、教师发展、设施使用等诸多方面实现共享、互通、合作，旨在最终实现共同体内优质教育资源品牌的辐射推广与合成再造"[3]。可见，集团化办学并非教育同质化，而是重在互通有无的校际合作和优质资源共享。本着这样的精神，C 教育集团自成立以来，通过衔接课程建设、师资柔性流动等途径，积极探索"小、初、高"学生一体化培养模式，促使成员单位学校在保持各校特色的情况下获得共同发展。

进才中学北校积极参与教育集团层面的教师发展，在集团教师共同体中发挥重要角色。作为浦东新区见习教师基地学校，进才中学北校也承担了教育集团内的新教师培训任务，每年集团内两所学校的新教师培训都会安排在进才中学北校进行。为此，学校组建了一支师德高尚、业务精湛、敬业爱生的见习教师导师团队，20 位带教老师中，学科带头人 3 位、区级骨干 12 位、校特色教

---

[3]　集团化办学背后的政府推力：四地集团化办学经验启示 [EB/OL]. (2018-05-22) [2018-5-29]. http://edu.cssn.cn/jyx/jyx_jyqy/201805/t20180522_4275389.html.

师 3 位，教研组长、备课组长、年级组长 10 位，集中了学校 8 门学科的生力军和一批经验丰富、带班出色的班主任老师。带教团队经过多年的见习教师培训经验积累，逐步打造出详尽完备的《基地学校见习教师规范化培训方案》，包含浸润式培训、团队带教、文化熏陶等多种培训形式，致力于帮助新教师提高师德修养以及教学、德育工作、科研等综合能力，最终培养教师们自主追求专业发展的意识、意愿。

此外，进才中学北校还参与了多所集团成员学校间的教师柔性流动项目，开展教师柔性流动方式方法研究（如带教、短期交流、培训、挂职等）；与 11 所成员学校密切合作，领衔开展高中与初中衔接课程建设和共享研究；积极参与由其他成员学校牵头的初中特色课程建设和共享、初中与小学衔接课程建设和共享、小升初面试方法内容研究、初中升高中自主招生方法内容研究等项目；积极组织和参与集团教师共同体的专业发展、团队建设和文娱活动，如教师专业发展主题报告、论坛、沙龙、工作坊，教师达人秀、教学比赛，集体参观、文体联谊等。

（2）多校联合体中的教师发展

上海进才中学北校所在的浦东新区为人口大区，每年中考人数占据上海市的七分之一。新区管辖的初中就有 120 多所，集中管理存在困难，因此划分为四个教育署，分别称为第一、二、三、四教育署，进才中学北校分属第二教育署。由进才中学北校牵头，联合同属第二教育署的另外三所中学共同组成四校联合体，开展定期交流互动，以促进二署内部的教师专业发展，特别是青年教师的培养。该联合体每年组织各种活动，包括统一命题、举办教育论坛、组织各类评比和比赛等。其中一个比较重要的活动是一年一度的五四青年教师比赛，比赛形式多样，包括说课比赛、上课比赛、专业基本功比赛、微视频比赛、演讲比赛、数字故事等。这些比赛均由进才中学北校牵头进行组织，是其青年教师队伍建设的重要举措之一，旨在全面提高青年教师的业务水平，充分挖掘其教学潜能，促进进才中学北校青年教师的专业成长。以 2018 年为例，五四青年教师比赛采取课堂教学竞赛的形式，进才中学北校于第 6 教学周安排各教研组进行了初赛，筛选出 7 位 35 周岁以下的教师参加第十周举办的"'让青春在课堂上闪耀'迎五一青年教师课堂教学评比"决赛，取得了 4 个一等奖、3 个二等奖的好成绩。

此外，进才中学北校还加入了浦东新区层面跨教育署的五校联合体。该联合体根据各校教育教学需要，以交流研讨、主题沙龙、论坛等形式，围绕教研组与备课组建设、联考与考情分析、教学调研、教案分析等各方面开展联合教研活动。现举例介绍如下：

交流研讨：五校联合体定期开展校际交流研讨活动，尝试解决教育教学中面临的共同难题。近年来，各校以支教教师作为联合体活动的纽带，围绕如何提高教学质量开展教学研究，进行支教与培训教师联合教学展示活动及教学主题研讨会。在一次以"教研组在备课组建设中的作用"为主题的研讨活动中，各校教研组长以"数学备课组：在探索中前行""加强语文备课组建设的实践与思考""英语备课组集体备课模式初探""提高理化备课活动效率的思考""发挥教师特长，提升美术教育"等为题，就不同学科备课组实践模式进行了经验交流与探讨，以互相取经，共同改进教研组和备课组的建设与实践。

主题沙龙：五校联合体还进行过初三联考，并在考后以沙龙的形式进行开展联考质量分析。教师代表们分组就五门考试学科的教学现状进行交流讨论，然后由各科出卷教师上台讲解试卷出题情况和考试结果分析：洋泾东校课程处主任从语文试题的难易度、学生在答题中暴露出来的问题以及试卷的设计意图等方面作了分析，唐镇中学初三数学备课组长从试卷整体布局、出题意图和试卷存在问题等方面作了分析，进才实验学校初三英语备课组长及进才中学北校初三物理备课组长分别就命题初衷、设计意图和实施效果等方面作了分析。通过该活动，各校备课组长对今后的工作目标和要求有了更明确的认识，认识到要狠抓基础，关注每一位学生的发展。活动受到老师们的欢迎，大家一致期待，联考和考试分析沙龙应成为制度化的活动，定期开展。

主题论坛：五校联合体多次开展主题论坛，以互相借鉴优秀经验，共同解决教育教学中存在的问题。例如，2011 年 12 月，五校联合体召开了"作业布置的有效性"主题论坛，除各校教师代表外，还邀请了浦东新区教发院课程教研部专家老师亲临指导。会上，联合体教师代表作交流环节中：某中学副校长以"提高作业有效性的实践与思考"为题，介绍了学校从精编习题着手探究作业有效性的具体做法，并在实践过程中做到有计划、有措施、有改进，将作业有效性落到了实处。各校教研组长代表发言中探讨了分层作业、趣味作业、多样作业、自主作业等话题，提出要针对学生特点有效布置作业，并对学生提交的作业给予及时批阅、检查与反馈，习题作业布置要注意适量优质，以达到减负增效的目的。联合体校长代表交流中，唐镇中学倪校长谈到了作业在教学中的重要地位："作业布置是教学工作的重要组成部分，是课堂教学的延伸，科学、合理、创新性地布置作业，是有效教学的保证"；洋泾东校李校长提出，教师布置作业要多从学生角度思考，使学生变"被动作业"为"主动作业"，同时要不断改进作业检查的方式，走进教室，与学生面对面检查不失为一种好方法；上南东校沈校长强调：作业有效即高效，教师要不断反思影响作业有效性的因素，紧紧围绕调动学生主体作用这一核心，切实提高作业质量，减轻学生负担，提高其消化吸收知识的能力，而不给他们造成精神压力，不损害其身心健康。最后，新区教发院课程教研部周主任从"为什么要布置作业""怎样布置作业""何为有效作业"以及"作业的形式、批改、评价"等方面进行详细阐述，指出作业布置要基于教学对象、基于学习内容、基于学习本领、基于学科特征。

（3）全区及全市范围的教师发展活动

除了前述教育教团、四校联合、五校联合等层面较为频繁的校际交流，进才中学北校还会不定期牵头组织更大范围的共同体活动，邀请这些联合体的成员学校共同参加。比如，2015年，举办了"进才中学北校杯'我与团队共成长'"征文活动，征稿对象涵盖浦东新区各署的多所学校，共收到了98篇参赛作品。该活动对各参与单位教师来说是一次有益的学习会，充分展示了各校的青年教师的风采和团队精神。教师们在征文中回顾了个人在团队培养下的专业成长之路，特别是集体（包括教研组、学校、校际联合体等）支持、集体精神、集体活动等对教师个人专业发展的引领、督促、辅助作用。

2017 年，举办了"教师专业共同体培育和运行机制研究案例大赛"，旨在通过大赛为各个学校之间提供互相交流和学习的机会，为教师专业共同体培育和运行机制研究项目提供实证依据。要求参赛案例不少于 2500 字，将教师专业共同体培育和运行过程中的真实故事以案例形式加以描述，着重揭示各类教师专业共同体培育过程中遇到的矛盾冲突和疑难困惑，并剖析其中的缘由、影响因素和解决的策略选择。大赛共收到来自 20 所学校的参赛案例 38 篇。在参赛案例中，教师们结合自己的亲身经历阐述了教师专业共同体的实践探索和培育运行机制，包括任务驱动、骨干引领、协作共享、问题导向等，对教师个人成长和共同体的发展均具有重大促进作用。

进才中学北校还加入了上海市范围内跨区县的联合体，包括格致初中、市西初中、市二初中等。成员学校定期交流，互通有无。该层面的联合体是相对松散的，因为各个学校在不同方面面临的情况不同，各自均为独立运转的个体，无法在很具体的层面实施统一管理或统一行动。为了达到共同的目标，大家共同约定了一个组织架构。任一个单位举办重要的教学活动时，其他单位均被邀请参加，共同切磋交流、总结反思，以逐步促进教师的专业成长。

总而言之，通过各种联合体及超联合体的教师共同体活动，逐步树立了学校教师追求专业发展的氛围，充分发挥了进才中学北校教师专业共同体在区域教师发展中的引领作用，有望逐步强化进才中学北校教师对于全校教师专业共同体的身份认同、归属感和自豪感。

参考文献：

集团化办学背后的政府推力：四地集团化办学经验启示 [EB/OL].（2018-05-22）[2018-5-29].http://edu.cssn.cn/jyx/jyx_jyqy/201805/t20180522_4275389.html.

第四章

学校层面的教师专业共同体建设

　　赫夫曼和希普[1]在论述专业共同体的发展性时，提出了共同体的三阶段，即动议、实施和制度化，并指出共同体的多重特征在其不同发展阶段呈现不同的样态和焦点。"动议"与"实施"阶段，是指通过建立各种教师发展组织、设计各类教师发展活动（即"动议"）并持续地将其落实（即"实施"），最终形成一系列常态化的教师合作发展途径，使其成为学校文化和制度的一部分，走向"制度化"，也成为教师生活的日常，达到"常态化"。而上述过程的实现，须遵循一系列先进、科学、适切的原则。这些原则，即本文所说的"机制"。本章将结合进才中学北校教师专业共同体组织建设和活动开展方面的动议和实施过程，分析建构初中教师专业共同体的核心要素并论述如何建立有效共同体的各项机制，促使教师专业共同体建设思想的落实和价值实现。

第一节　建构核心要素

　　如前所述，个案学校经过多年的探索，已经建立起比较成熟的教师专业共同体，建设成效显著。那么这些有形实践中归根到底生发了哪些无形的要素，使得一个由全体教员组成的学校团体具有了教师专业共同体的本质内核？基于这个话题，国内学者已经进行了诸多讨论，尽管存在诸多不足但为本文的探究

---

[1] Huffman J B, Hipp K K. Professional Learning Communities: Initiation to Implementation[J]. Case Studies, 2003, 245（02）：389-303.

奠定了基础。本节将结合已有研究和本文的调查数据，通过理性思辨提炼初中教师专业共同体的核心要素，为教师专业共同体建设思想的落实奠定基础。

在多年的初中教师专业共同体实践中，教师们对专业共同体有了直接的体验，乃至深刻的理解，于是笔者通过问卷调查和访谈邀请其就共同体的核心要素发表见解。例如在506人的调查中，请教师们就心目中理想的教师专业发展共同体至少应具备的要素做出选择，所得数据结果如下：教育教学资源共享的合作、开放的环境（70.75％）；共同体成员间对教育有共同的价值观和发展观（57.71％）；领导在制度和物质上的支持（53.36％）；有专业精湛、关心共同体发展的灵魂人物和一些核心成员（47.63％）；地域上较为接近，有时间和空间进行活动交流（32.21％）。

结合前人的已有研究，依据研究者长期主导和参与的初中教师专业共同体建设实践以及调查中的教师反馈，笔者认为一个成熟的教师专业共同体应至少具有以下要素特征：

一、共同价值观和愿景

共同价值观和愿景是教师专业共同体的情感基础，也是共同体能够有效生成的前提条件。建设教师专业共同体，旨在通过密切的团队合作，实现教师在团队中的共同发展。教师们需要对共同体的目标、机制、意义、实践方式等诸多方面形成共识，才能够切实在共同体中获益并得以持续发展。

调查显示，有将近半数的教师45.85％（232/506）认为，进才中学北校教师专业共同体中已经形成共同发展、自主学习的氛围和共同愿景。在该专业共同体建设过程中，绝大多数活动采取自愿参与的做法，不以行政手段强制推行。尽管如此，教师们的参与度和参与热情都很高。调查显示，促使教师克服各种现实困难积极参与专业发展共同体的因素，按照选择比例由高到低依次是：提升专业素养，逐渐实现自己的专业发展目标（68.38％）、学校的日常行规工作，是自然而然的参与（45.65％）、将参与共同体的收获运用于教学，有助于学生发展（46.44％）、是一个展示自我的教育教学水平的良好平台（38.93％）、为了更好地融入团队，不被边缘化（24.11％）。可见教师们的参与多是出于提升自我、服务学校和学生发展的需要，也将共同体视为一个自我展示的平台。

在访谈中，教师们表示：

"教师们有着共同的美好愿望，那就是在相互扶持中共同成长，既可获得个人成长的成就感，更将受益于学生和学校。若没有这样共同的认识，就找不到共同体存在的意义了。"

"一个共同体的成员越是具有共同的价值观和奋斗目标，这个共同体就越紧密，没有共同目标愿景，大家可能各有各的小私心，久而久之就各玩各的，成了一盘散沙了。"

二、共同体引领者

在任何领域、任何类型的组织中，领导者、引领者都是不可或缺的。引领者在教师专业共同体中的地位不言而喻。在 506 人的调查中，有 47.63％的教师认为，教师专业共同体离不开专业精湛、关心共同体发展的灵魂人物。两位教师在面对面访谈中表示：

"一个真正的教师专业共同体肯定是有一些必不可少的要素的，比如明确的组织架构、核心的成员和领袖、稳定流畅的合作交流机制等等。"

"对一个专业共同体来说，最核心的要素之一就是精神和实践引领者，这两者既可以是分开的，也可以是合一的，根据我的个人体验能够在教育实践中经验丰富、做到领头羊的位置，自然也会成为团队的精神领袖。没有精神领袖的共同体就如同群龙无首，一定是名存实亡的。"

书面访谈显示，共同体中的名师、骨干、优秀教师等确实为普通教师树立了行业标杆和示范，并在共同体活动中发挥了很好的精神和实践引领作用。教师们在有关的共同体活动中领略了名师风采，开阔了视野，得到了有力的精神引领和切实的个性化指导，获益匪浅。

"观摩特级教师的课堂和备课过程，收获很大！"

"每次培训都是和一群'牛人'见面，所以不管是微课，还是竞赛讲座，以及现在的实战课，每次都让我多角度地感受教学思维的碰撞，真正地拓展了视野！"

"领略了名师的风采，学到了很多有特色的教学方法和措施。"

"我感觉一个专业发展共同体中导师的作用特别大。升格导师给予我们外出听课的机会，指导我们上课、给我们评课，指导读书，令我获益很大。"

三、专业实践中的互助合作

如果说"共同愿景和目标"促使大家走到一起，是行动的前提，"引领者"给大家指明了行动方向，树立了行动标杆，那么"专业实践中的互助合作"则是行动本身，是教师专业共同体最本质、最核心的要素。专业共同体作为教师发展的新范式，促使教师个人发展转向团队交互中的共同发展，那么没有交互便无所谓共同体。这种交互并非一般人际意义上的，而是和教师专业发展密切相关的；并非零星、偶尔的交互，而是密切、频繁的交互；不是浮于表面的形式主义的交互，而是紧扣教师教育、教学、科研等专业实践的交互。

同侪互助使教师们切实感受到共同体作为"脚手架"的力量，与孤军奋战求发展相比，教师们在同伴的精神陪伴和切实帮助下更加游刃有余，例如："教师中有着共同目标与追求的伙伴在一起，对个人的专业发展有直接的帮助""参与中感受到群策群力，集体的智慧毕竟比个人的要强多了""能听一些老师的课，感受不同的教学风格，吸取各家长处""了解了更多的教学方法，学到其他教师的专业精神，得到更多的教学资源"。

教师们在专业知识、教学水平、教育视野、教学管理、科研能力、理论素养等方面获得了全方位的提升，如："比如区级骨干培训，每学期都有专家的讲座、同伴的教学研讨课，并出版教师论文集。使我在理论水平、教学研讨、教学反思等各个方面都有提升""参加过华师大骨干教师培训，专业知识得到了更新，拓展了自己的视野，并从其他老师的交流中获得了很多心得体会""收获较大的是在共同体中交流所遇到的实际问题及解决的具体方法、方案。可学习、可操作的教育教学及管理的优秀案例。当今较先进的教育教学、管理的理念、方法、途径""参加过新区教科研论文培训，提高了论文写作的能力"。

四、交流分享的时空和平台

若要对共同体要素间进行一个区分，那么有些要素是无形的、不可见的，比如共同价值观、共同愿景，教师在其中的归属感和身份认同。有些从某种意义上讲是有形的，实实在在的，比如共同体中成员间的互助和交流。这种互助交流有赖于具体的时空和平台。没有哪一个共同体可以脱离交流分享的具体时空和平台而得以在虚拟时空中运转。反过来说，交流分享的渠道越通畅、时空越充分，实践中的互助和交流就越密切，专业共同体便越有效。

调查显示，当教师在个人专业发展方面遇到大的困惑或困难时，绝大多数教师会选择"与要好的同事交流"（71.74%）或者"自己通过书籍、网络等途径寻找解决办法"（68.58%），部分老师会"求助于学校领导"（23.52%）或"与家人、朋友沟通"（19.57%）。可见，同事间的交流对于教师发展尤为重要，建设教师专业发展共同体，对教师交互创设更好的组织环境和氛围意义重大。

在本文的个案中，共同体为组织频繁地公开交流、分享、展示、比赛等活动，为教师们搭建了各种交流分享的平台，借此增进同事间的了解和友谊，树立见贤思齐文化。一方面，开辟现实中的展示空间，创造各种机会让进才中学北校教师们展现自己的课堂风采，例如：向法国、新加坡等国际访客及国内兄弟省市的同行展示进才中学北校课堂、开展以"精彩进北，和谐课堂"为主题的社区开放日活动、备课组参加浦东新区集体展示课、进才中学北校骨干教师的校内示范课、精品课以及青年教师的评优课等。定期组织教师教学比赛，如：五四青年讲课比赛、数字故事等。另一方面，开辟课堂之外的第二展示空间，例如读书演讲、教育征文、学术节、"一师一优课"晒课活动、论文案例网上评比活动、感动进北十大人物评选活动等。值得一提的还有学校的网络平台分享交流机制：实施基于校园网络平台的研修。要求每个备课组建立自己的博客，有条件的每人建立一个博客，在此基础上形成学校的博客群，教师将自己的教案、课件、改进计划、公开课等资料上传到博客上进行共享，教师相互之间在博客上发表自己的看法和建议，同时学校的大型主题教研活动，在集中研讨之外，后续研讨可以在博客网上进行。此外，还采取多种手段对教师们所取得的成绩予以公开肯定和表彰，并通过学校学报、校庆专辑本等将科研成果进行固化宣传，教师们可以随时翻阅，既是对优秀教师的一种激励，也是其他老师学习切磋的平台。

五、身份认同和归属感

一个教师专业共同体发展成熟的最终标志就是，每一位教师们在这个群里都感到有归属感，充分认可自己作为"共同体成员"的身份。身份认同和归属感对于一个共同体的核心作用也是不言而喻的。就如同，一位教师在家中会认同自己作为一名丈夫／妻子或者父亲的身份，在学校里会认同自己作为一名教师、班主任、学科带头人的身份。当你在一个身份上履职越充分，它占据你的时间、精力和心情越多，这一个身份在你的身份认同中占据的位置就越重。所以每一个人的身份都是有若干个主要身份和次要身份构成的。如若在一个有了名义上的、组织架构意义上的专业共同体中，多数成员教师们都游离在其外，没能很好地参与其中进行一些实际的学习和分享活动，没有与其他成员发生多少交互，自然就感觉不到这个共同体的存在。反言之，当多数成员能够认可自己作为共同体成员的身份，那么他们一定是参与其中，密切交互，在共同体中做出了努力并有所收获的，这才可以说这个专业共同体是切实存在且有效的。

一个有效的共同体中，良好的团队合作氛围、频繁的共享交流、密切的同侪互助在激发教师追求发展的动力、为其提供支持和帮助的同时，也在不断强化教师们的身份认同，增强其集体归属感。

第二节　建立培育机制

如前所述，尽管部分教师们作为独立个体有一定的专业发展愿望，教师之间也会在长期共事中自发形成一些零散的、隐性的、小范围的实践共同体，但这些自发的个体行为不具有普遍性和持续性：一方面，一大部分教师因种种内外在的原因自我激励不足；另一方面，因为缺乏制度规约与激励以及专家引领，教师们的自我发展缺少长期的驱动和支持，或"三分钟热度"，或"心有余而力不足"。

要培育具有长效机制的教师专业发展共同体，不能像商业社会中的实践共同体那样，主要依赖其自发性。这是因为，商业与教育遵循不同的发展规律。在商业领域自发形成的实践共同体中，成员间相互协作、互通有无，共同解决以复杂的商业问题，不断解决各种问题、取得优异的工作业绩就代表着更为丰厚的个人报酬或更好的发展机会，这成为维系共同体的长期原动力。而在教育领域，因为考核机制的不同，教师们在知识、技能、风格、涵养等方面的进步不一定能立竿见影地带来经济效益，如此，若不有意培育，教师专业共同体恐怕难以维系。而且，共同体的培育是一个系统工程，需要多方机制共同发挥作用。

一、目标导向机制

目标的本义为"想要达到的境地或标准"。目标，是行动指南；没有目标的行动是盲目的。目标又是多层次的，有长期、中期和短期目标，直接目标、间接目标和最终目标，总体目标和局部目标，集体目标和个人目标，有形的可测量的目标和无形的难以测量的目标等等。建立一个全校教师的专业共同体，是一个长期的系统工程，需要有明确的多层次的目标导向，而且这一目标体系不是单纯地付诸文字概念即可，而是要通过反复的灌输、实践和具体化成为深入人心的、教师们深信经过努力可及的有引领作用的目标。

共同体建设的最终目标是全体成员拥有共同愿景和价值观，拥有持续的内在动力和充分的外界支持，从而能够团结一致、互助合作、共同追求专业发展。这一目标的实现，首先有赖于领导者的目标意识和途径设计，有赖于在共同体培育、运行、评价和保障各方面的有效机制的打造。打造有效机制作为一种间接目标（也可视作实现共同体建设最终目标的手段），又可以分解为多个局部的目标，如全面激发教师追求专业发展的意愿或动力、打造和谐共进的教师团队文化、实现公平公正的教师个人和团队绩效评价、提供充分的政策和资源支持、建立有效的制度保障等。作为共同体的领导者，首先要有全局的思考，行成一个完整的目标体系，并针对每一方面的目标思考实现途径，和共同体成员在长期的实践中检验预设方案、调整步调、完善措施，逐步实现局部和整体目标。进才中学北校教师专业共同体的领导团队以课题研究与实践相结合的方式推进整体目标的细化分解，并就局部目标的实现途径展开科学研究、专家指导、论坛研讨、实践反思、教师征文等多方面的努力，力求目标具体、可行、相关、可及。

除共同体领导者视角的总体目标和分解之外，还应从细分共同体的视角理解和应用目标导向机制。激励机制、评价机制、经费保障等等是学校作为一个大的专业共同体层面的考虑，在这个层面之下，还会有许许多多细分的共同体，如不同学科的备课组和教研组、从入格到品格不同级别的教师培养共同体等。在这些细分共同体中强调学校整体共同体的目标愿景固然重要，但还远远不够。对于具体成员来说，如果局部共同体的愿景和目标还不明确，他们很难想象自身在更大范围、更高层次的目标图景中的位置或角色。愿景是行动的指南，只有建立在最近发展区内、愿景的终点被分解成一系列彼此相关的子目标，并且具有一定前瞻性的目标才能促进教师专业发展。因此，应在深刻分析现状的基础上，为不同类型的共同体制定具有一定挑战性的、经过努力可以达到的发展目标。以某个教研组为例，其成员无法站在校长的视角思考全校教师共同体的建设目标为何，因此总体目标对他们的引领作用可能不明显，但若确立明确的优秀教研组评价标准，他们便可相应确立教研组发展的目标愿景，并为之努力。以进才中学北校为例，其优秀教研组评比细则涵盖了"教学常规""教学活动""教学成果"三方面的具体表现，分别占30、40、30分。其中，"教学常规"下设计划总结、集体备课、资源共享、教学检查、团结协作5个二级指标，"教学活动"下设公开教学、教学设计、课题研究、校本课程、教研活动、业务培训6个二级指标，"教学成果"下设教学质量、学科竞赛、论文指导、教师素质4个二级指标。对每个二级指标又通过细则说明和量化指标加以具体化，并赋以相应分值，例如：关于集体备课，规定"每学期集体备课不少于15次"，根据完成情况获10、7或4三个分数档；关于公开教学，规定"每学期每位教师开设至少1节研究课，备课组向教研组开设至少12节公开课，教研组向学校开设至少23节公开课。每学期每位教师观课不低于10节，组长不低于15节，且须有完整的观课记录和分析评价意见。备课组、教研组要开展评课活动，并有详细的评课记录"，分数档设置同集体备课；关于教学检查，要求"组长对全组教师的备课、上课、作业布置与批改、听课评课等常规工作每月检查一次，须有具体记录和评价，发现问题及时整改，及时向课程教学处汇报检查结果"，跟进实际执行情况获得5、3、1三个分数档；关于"论文撰写"，要求教研组能积极组织教师撰写教育教学论文，教师在国家、省、市、区等级别刊物上正式发表论文一人次分别记10、7、5、3分，对不同级别、不同等第的论文获奖也规定了具体分值。除了前述三大维度、15个二级评价指标下的细则目标之外，还列举了6项"一票否决"的情况，分别是（1）组内有严重不团结现象，影响学校的正常教学秩序；（2）组内有严重不遵守学校制度的现象，影响学校的正常教学秩序；（3）组内有拒不接受学校布置任务的现象；（4）组内发生严重的安全事故或严重影响学校声誉的事件；（5）组内有教师在期末监考、阅卷工作中发生舞弊行为；（6）组内出现严重教学事故。所有这些具体的目标表述，将"优秀"这一概念具体化，使每一位教师对教研组的发展目标和自身在其中的角色任务都有了具体清晰的认识，这种明确的目标导向，对教师产生了积极的引导作用，成为教师的集体愿景和行动指南。进才中学北校在教师专业共同体建设过程中，将目标的设立、细化、灌输、内化落实到每一个局部共同体工作中，这便是共同体培育中的目标导向机制。

二、动力激发机制

任何专业学习共同体的发展都要经历一个从无到有、从弱到强的过程。在这个过程中，激发成员个人专业成长的需要和建立集体愿景尤为关键，它是推动专业学习共同体形成的基本内驱力。"在缺少愿景的情形下，充其量只会产生'适应型学习'，只有当人们致力于实现某种他们深深关切的事情时，才会产生'创造型学习'"[2]。一个领导者也许很容易看到美好愿景，树立明确目标，却很难做到让下属也看到同样的愿景，并促使他们为看似渺茫的愿景"撸起袖子加油干"。有人曾说过，"在大多数组织里，无论你作为领导者有多么优秀，总有人不会听你的。"因此，改变信念，激发动力，是引发行动、改变行为的前提。

在教育实践中经常有两种建立专业共同体的模式：一种是基于强制性制度变迁原理，利用行政力量来直接构建教师专业学习共同体；一种是基于诱致性制度变迁原理，利用教师内发的自然成长力量来自构教师专业学习共同体。前一种形式往往只能构造教师专业学习共同体的"形"，而难以铸就其内在之"神"。要构建形神兼具的专业学习共同体，必须求助于教师共同成长需要聚合的路径。一旦教师个体的成长需要被激发，共同体的促进者要善于引导这些需要走向聚合，尤其是要发现这些需要的交合点和公共点，使那些零散的成长需要围绕这些重合性需要聚合起来，汇聚成一股强大的合作需要与群体学习动力，敦促教

---

[2] 彼得·圣吉. 第五项修炼：学习型组织的艺术与实务 [M]. 郭进隆，译. 上海：三联书店，1998.

师专业成长的共同体的产生。进才中学北校教师专业共同体建设过程中，通过多种策略，有效激发了教师追求个人专业发展、与团队共成长的动力。

一个最主要的策略就是以集体主义荣誉感倒逼个人发展。如前所述，初中教师由于职业稳定、日常工作负荷重、绩效激励不足等诸多原因，普遍存在专业发展动力不足的问题。特别是在整个学校缺失竞争和上进文化时，个体教师的发展动力被严重挫伤，甚至可能出现"枪打出头鸟"的随大流心理。相比西方个人主义的文化倾向，我们中国人更多表现出集体主义的文化倾向，具有较强烈的集体荣誉感，即便对个人荣誉不甚热衷的个体，也对集体荣誉负有责任。责任感往往可以转化为动力和行动。借此，进才中学北校在培育教师专业共同体的过程中，将对教师个人专业发展的期望融合到优秀团队的建设中，通过打造文明班组、优秀备课组、优秀教研组等教师团队的方式，调动全体教师的积极性，使其全部参与进来。通过营造良好的氛围、建设有效的机制，激励教师追求专业发展，实现团队合作与共同成长。

另外一个策略是，通过设置分层明确的校本教师成长阶梯，使教师明确发展路径，产生逐级进阶的动力。理论上讲，任何一个职业都有一定的成长空间，但若无职位由低到高的明确的职业阶梯为参照，这一成长空间便会模糊不清，令人无所适从；若职业阶梯的跨度过大，令人感到每一级跨越都遥不可及，那么"升级"的动力也会被大大削弱。这一点在电子和网络游戏中被利用得很好，游戏商家将游戏起点到终点之间的路径切分为无数小步，每前进一小步便会获得各色奖励，而且每一步都有无数次尝试机会，使得玩家愿意投入无尽的精力体验进阶的快感。回到中学教师的职业路径，以上海地区为例，2016 年的中小学职称制度改革之前，中学教师职称只有初、中、高三个级别，高级职称相当于高校的副教授，2016 年实施改革，推出中小学正高级教师职称，相当于大学里的教授。吴国平[3] 对 15227 位上海中小学教师的调查显示，具有高级职称的教

[3]　吴国平 . 上海市中小学教师职业状况与政策建议 [EB/OL]. (2018-05-31) [2018-06-03].
https://www.sohu.com/a/233642055_387177.

师仅占 7.79％，47.83％的教师为中级职称，44.38％的教师为初级或未评职称。就进才中学北校来说，其中、高级职称教师的占比分别为 57.7％和 18.4％，远远高于上海市平均水平，这也意味着多数老师（94/163）面临着从中级到高级职称的跨越，从已有的比例数据来看，这个难度是相当大的，教师们难免会望而却步。考虑到这种情况，进才中学北校设计了校本教师成长阶梯，帮助教师在全市统一的职称评定职业路径之外另辟蹊径，追求专业发展。例如：学校自 2007 年秋季学期开始实施的教师分层培养实验，包括新教师"入格"、入门教师"升格"、骨干教师"风格"以及特色教师"品格"培养。尽管这一校本分层体系不与教师的职称、待遇等直接挂钩，但因为阶梯明确，升级门槛适中，因此有效激发了教师们的追求持续发展的动力。

三、任务驱动机制

共同体培育中的所谓"任务驱动"机制，是指共同体成员总是需要共同完成某个或某些任务，没有具体任务驱动，便无法形成真正的共同体。如果说目标导向是为了给教师以集体愿景，动力激发是给教师以与团队共成长的动力，那么任务驱动则是给教师以具体的任务。

相对而言，对教师愿景的塑造和专业成长需要的激发旨在促进教师专业共同体的内力凝聚，而加载任务则构成共同体发育的外在推动力。内外力各有侧重，不可或缺，同时两者间也并无绝对界限，而是相融相生：一方面，在外力的刺激或助推下，共同体成员更容易团结起来，为完成共同的任务展开合作探索，逐渐增强内力的聚合，形成强大的内部合力；另一方面，外力本身亦可通过内导、渗透、内化等方式转化为内力，成为共同体发展的直接推动力。随着任务的介入，专业共同体教师之间的共同需要增加，合作需求更旺，群体愿景更易形成，内部差异互动的深度与频率会不断增加。

从另一个角度看，目标导向和动力激发相对抽象，指向教师内心和意识的变化，途径上多有赖于共同体领导者的顶层设计，尽管途径手段可见，但目标引导和动力激发的效果有赖长时间的潜移默化，未必在短时内便有明显可见的成效。与之相对，任务驱动则更加具体，看得见、摸得着，指向教师的具体行动，主要依赖于教师们在执行任务的实践探索中摸索思路方法，形成合力，直至能够顺利完成任务，并总结出一系列经验、方法和成果，为日后重复执行同类任务所用。在长期反复执行某一类的任务过程中，便形成由该任务驱动的教师专业共同体。尽管最终形成成熟的专业共同体也有赖于较长时间的探索磨合，但在每一次执行任务的过程中都可以产生切实可见的成果。教师在切实的成果中可以获得成就感，认可集体的力量，加深对共同体的身份认同。以下以两个案例阐明任务驱动机制在共同体建设中的作用。

一个案例是见习教师委培任务驱动下的进才中学北校师资培训共同体。进才中学北校作为浦东新区见习教师规范化培训基地，承担了新区见习教师委培的任务。为完成该任务，学校依托自身原有的"青蓝一对一"师徒结对工程项目，将本校新教师的入格培训与基地培训任务相结合，形成了多方主体参与的、多模块的系统培训计划。在多年的见习教师委培实践中，逐渐发展出一个成熟的师资培训共同体。一方面，参与见习教师委培的各个教研组非常重视这一任务，将其视作提高自身专业发展水准、发挥新区优秀教研组的指导能力的契机。尽管每位新教师都有各自的带教老师，各教研组长仍亲力亲为地参与培训工作的统筹和方案设计中，与带教老师们共同商议、策划了内容丰富的培训内容，如教学大纲导读、三维目标解析、教学设计辅导、观课评课要略、专业成长诊断等等，并分工落实到各个带教老师领衔完成。这样既实现了教研组内部的培训资源共享，同时又使新教师们感受到了不同的教育教学风格，实现了培训效果的最优化。除了这些常规操作外，培训师资团队还不断规范和系统化培训内容，围绕教学设计、教学实践、观课评课、班主任工作等方面打造了系列讲座和通识课程，如《自觉把个人的成长设计融入学校的办学实践》《怎样撰写案例》《如何对学生进行心理辅导》《如何制定个人专业发展三年规划》《年轻教师的成长过程》等，使见习教师能够完整地了解教师的教育教学工作流程，学到与之工作密切相关的优秀实践经验。进才中学北校师资培训共同体在多年的实践、反思中开设出一系列既适合见习教师发展需要、又具有进才中学北校特色的培训课程，受到见习教师欢迎和认可。在见习教师委培任务的驱动下，带教教师实现了教学相长，实现了自身的专业成长，并形成了同事间密切合作的专业共同体。项目负责人在《2017 学年见习教师基地学校自评报告》中称，"每周一天的学科或德育带教工作，对于带教老师来讲既是一项带教任务，也是一种自我激励，可促使其在专业引领方面发挥更大作用，同时也是互相学习的过程。"

另外一个案例是教育研究项目任务驱动的项目共同体。该案例来自 2017 年 6 月由浦东教育发展研究院等三家单位联合主办的"教师专业共同体培育和运行案例大赛"一等奖作品。来自华师大附属东昌中学的孙老师以其参与区教育内涵项目"高中语文质量目标研究"的经历为例，论述了任务驱动的共同体生成过程。孙老师所在的项目组要完成的任务是，如何在新的语文课程标准与语文教师的教学实践之间架设一座桥梁。项目组拟以高中语文课程标准为指南，以上海市、人教社、江苏教育出版社高中语文教材等为蓝本，借鉴欧美发达国家的语文课程标准、语文教材，结合当下高中语文教学实践需求和经验，建立高中语文质量目标手册。为了完成项目研究，团队成员在项目领衔专家的带领下反复研讨、分工协作、互相观课和提建议、分享推荐研究资料和书目、共同观摩别人开设的研究课、合作编书和写作等。在"做中学""学中做"的过程中，还进行各种形式的成果展示交流，如推荐优秀成果发表，将各成员的成果结集成册用以阅读交流等。在这个过程中，共同体成员研究和实践的劲头会更足，影响力和辐射力也会更大。在两年的内涵项目开展过程中，该项目共同体成绩突出：其中 3 人参加了上海市名师基地学习，3 人被评为区学科带头人，共同出版了书籍《高中语文质量目标手册》，共同在《语文教学通讯》上连续发表文章。几年后，这个项目组中的 2 人被评为特级教师，2 人参评特级教师。虽然时隔多年，但孙老师仍对这段"因着共同的追求、共同的热情，在专业发展共同体中成长"的日子记忆犹新，并在征文中分享了唐江澎老师《说说我的专业交往圈子》一文中提到的"课程专家圈子""命题专家圈子""教材专家圈子""语文教学圈子"实则不同任务驱动的教师共同体。共同体的建构需要共同愿景，需要教师个人的内在动力，更离不开共同任务的驱动。

四、专家引领机制

专家引领在共同体培育中的重要作用，从上述任务驱动机制的两个案例中都可见一斑。专家引领机制强调共同体中领军人物的引领，即不同方面的优秀个体对共同体其他成员的引导和影响，其目标在于建立共同体的内部领导力。要建设有效的教师专业共同体，就要树立不同领域、不同风格、不同专长的专业引领者，以持续的热情和领导力全面介入共同体的培育过程。教师个人的专业发展离不开专家的引领，因此，教师专业共同体应该打造稳定的专家引进和保有机制，以确保可向教师提供持续的专业发展支持。进才中学北校的专业支持机制主要由校内和校外专家两个部分构成。

其中，校内专家主要提供学科专业发展、育德育人能力发展方面的专业支持，支持机制通过青蓝结对、升格教师培养等具体活动项目实现。为确保校内专家为普通教师提供切实有效的专业支持，而非"在其位不谋其政"，学校在统一的教职工业务考核量规的基础上，针对学校的特色教师、区骨干教师、区学科带头人等校内专家级教师还制定了专门的年度考核量化标准，对其专业支持任务做出了明确规定。例如：须进行公开教学展示（校特色教师展示课，主题班队会展示，兄弟学校及外省市的参观学习展示课，署、区、市的教学展示或比赛等）；每年在备课组、教研组、年级组、见习教师培训、全体班主任、全校或其他层面进行至少一次培训讲座、主题发言或校本研修活动；带教本校的青年教师或担任"见习教师规范化培训"的带教任务，或带教外省市结对交流学校的教师、实习生、支教培训教师等。聘期内两年考核等第均为优良的，且愿意继续履行职责的低职高聘、特色教师、学科带头人或骨干教师，可以续聘。聘期内一年考核等第为优良、一年考核等第为合格或两年考核等第均合格的，需重新参加下一轮的评审。年度考核不合格者，直接退出，不再续聘，并取消下一轮评审申报资格。

　　明确校内专家的专业引领任务,将促使他们主动发挥其引领者的角色。此外,也从普通青年教师的专业发展活动出发,通过理顺活动流程来促生专家引领。以课堂教学改进计划为例,教师在制定改进计划时会得到来自校领导、中层干部、教研组长、特色教师、特约研究员等多方引领,与之一起确定课堂需要改进的点,并在教师备课—集体研课—专家观课议课的过程中实施全程指导。

　　校外专业支持主要通过聘请指导专家与顾问的方式实现。为确保充分的校外专家支持,学校制定了专门的有关聘请校外专家的条例、聘请校外专家管理办法以及校外专家专业支持运行办法。这些条例办法明确规定了外聘专家的基本条件(包括政治作风、学术造诣、专业技术职称、是否长期从事教学实践基地等),聘请流程(填写申请、经费预算、专家接待、经费报销等),经费资助标准等。除聘请部分专家作为兼职教授,进行长期、定期的教育教学和课题研究指导外,还根据不同类型的教师发展需要,不定期聘请校外专家进行理论和实践指导。例如,对于入校工作年限相近的青年教师,按照学科分组,定期聘请市、区教研员或特级教师为其担任导师,进行理论学习、课堂教学提升及教科研指导。每学期在导师的指导下安排一次校级、署级或区级的教学展示课,在导师的带领下参加课题研究。特别是对事业心强、有培养潜力的青年教师进行重点培养,让他们走出区外、市外参加教学展示观摩、研讨培训等,为之创设充分、有效的外部专家支持和引领。

第三节　建立运行机制

一、持续改进机制

初中教师专业共同体建设并非一蹴而就，其形成本身就是一个持续发展和改进的过程。从大的方面来讲，从最初的共同体萌芽阶段，教师们在一系列零星的、专题化的教师专业发展活动中逐步获得追求个人专业发展的意识和动力；在共同体的培育阶段，每一个学校内部的教师团队都是从表层的组织架构开始，通过加载具体的任务作为驱动，各成员在团队领袖的带领下进行密切合作，在共同完成团队任务的过程中增进同事关系、生成组织文化，直至对在共同体中感到有归属感，产生共同体身份认同。最后的发展阶段，是因应对外部教育环境的变化而采取的新举措。正是持续改进的理念促成了教师专业共同体的日益成熟和完善。

此外，就学校内部的各个共同体而言，每个细分共同体的发展乃至某一个共同体的常规活动都不是停止在某一个时间点上宣称是完成时，即便是同一活动的重复实施也都不是一成不变的原样重复，而是每一轮都在总结前一轮得失的基础上进行方案调整和再次实施。

以课堂教学的改进为例，学校最初的做法是抓好教研组、备课组的建设，督促其各司其职，自主建立组内教科研制度，引导教师做好教学设计、教案准备、课后反思等常规工作。每个教研组、备课组都制定了自己的工作方案，如定期集体备课，规定每位教师每学期至少观摩多少堂课，并提交观课记录等。这些举措多是"政策性"的，规定教师要做的事，未告诉他们该如何做。

随着教师自我摸索式的实践积累，学校组织各教研组、课题组进行交流，逐步形成了一些共性的经验，于是将课堂改进的做法逐渐细化、规范化，形成了较为完善的模式。拿课堂观摩来说，不再是老师们随意听、随意记，而是有组织、有计划、有规范动作地去听。除了教师个人按计划或个人需要进行的课堂观察外，更多是团队合作，集体观课议课。具体流程为：课前团队协商中确定观察主题，制作观察量表，课中根据观察量表进行有针对性的课堂观察，详细记录和观察点密切相关的课堂行为，课后执教者进行自我反思，课堂观察者进行探讨分析，大家进行集体交流形成共识，并决定后续跟进方案。这种团队合作式的观课议课活动，改变了传统的教师单兵作战式的听评课方式，能够更加高效地促使教师改进课堂教学。

在规范常规观课流程的基础上，持续探索灵活多样的课堂改进方案。例如，如何有效实施集体备课？如何在集体备课的基础上充分发挥教师们的个性，使他们上出自己的特色，而不是受制于集体教案，千篇一律？这需要备课组就同课异构进行持续探索。在长期的实践中，共同体教师形成了较为成熟的经验：首先，由教师个人研读教材单元内容，细读文本，整理材料，设计教学，完成各自的初次备课；然后在备课组中，由一位老师主讲，大家集体交流，互通有无，去粗取精，完成二次备课并形成文本；之后由教师们根据集体备课形成的教案进行课堂教学，并组织教师进行听课评议，根据听评课意见进行反思、修改或重建，在此过程中探索突显个性，优化课堂呈现。

在持续进行课堂教学改进的同时，学校教师专业共同体还引导教师进行课堂教学研究。以新课程的实施为背景，以区级课题"课题教学改进计划"为抓手，以如何改进自己的教学为研究内容，积极开展教研组活动以及各级各类公开课，在公开课中引导教师重点关注课堂"改进点"和"研究点"。所有教研活动（包括公开课、随堂课等）都围绕课题的研究进行，根据课题研究要求，确定研究点；根据教师自身的评价中存在的问题和改进的方向提出本节课的改进点，并在后续的评课和研讨中也要突出这两个点的落实情况，让教师在反思、研讨的过程中转变教育观念，更新教学行为，改进课堂教学，提升教师的教学水平，提高教学质量和学生的学习实效。

可见，持续改进机制既是顺应事物发展的基本规律，又是一种不断追求卓越的自主选择；既体现在共同体引领者的领导思维中，也落实在全体教师在各种具体团队的教学和研究实践中。没有持续改进，便没有发展，更不必提有赖于众多教师团结一致的专业共同体的存续和发展。

二、政策激励机制

如前所述，单位激励制度不健全是当前建设初中教师专业共同体面临的一大问题。有效的政策激励是维持教师共同体持续发展的重要机制。进才中学北校教师专业共同体激励政策的主要导向是：一方面，通过人事制度改革提高教师个体的专业发展紧迫感和积极性；另一方面，通过有力的政策支持，打造和保护团队"领头羊"，以团队发展带动个人发展。

1.人事制度改革，打破"铁饭碗"和平均主义

长期以来，公立学校教师享有事业编制、"只进不出"的人事制度使得"教师工作是'铁饭碗'"的观念深入人心。随着国家教育改革的推进，《教师法》明确规定"学校和教育机构应逐步实行教师聘任制度"，以促进人才的合理流动，通过优胜劣汰，提高教师队伍的活力和质量。进才中学北校响应国家号召，实施教师聘用制。根据教职工个人情况和学校工作的需要，对有关人员进行聘用、缓聘、不聘或解聘。通过灵活实施低评高聘和高评低聘，肯定工作能力高的教工，警示和惩戒未能有效完成规定岗位工作的教工。通过缓聘、不聘或解聘，终止不具备教学能力者的职业通道，淘汰庸才，借此提高教师的教学责任感和专业发展紧迫感。

在此基础上，进才中学北校完善绩效工资制度，确保多劳多得，打破平均主义的"大锅饭"。根据学校制度，教师的绩效工资共分为两部分：一是基础性绩效工资，占比 70%，影响该部分工资的因素除地区经济发展水平、物价水

平等共性因素外，还有岗位职责等个性因素；另 30％的绩效工资完全取决于教师的出勤、教育教学工作量、师德、实际贡献、专业发展等个性因素。每学年的第二学期对教师进行绩效考核，依据考核结果（分为"合格""基本合格""不合格"三个等第）发放相应的绩效工资。须注意的是，实施公平有效的绩效评估是推行绩效工资的重要前提。为此，学校在广泛征求意见的基础上制定了《进才中学北校绩效考核办法》，并实施多元主体评价的模式。

此外，实施职工奖励政策，激励先进。奖励——不论是物质或精神奖励都是行之有效的激励手段之一。从小朋友的"小红花"、贴纸、奖状，到大学生的荣誉证书、奖学金，再到企业中的月度／年度优秀员工（照片上墙荣誉和／或奖金），屡试不爽，人人受用。因此，进才中学北校发布了《上海市进才中学北校教职工奖励方案》，其中涵盖了名目繁多的奖励明目，力求保证教师们在各方面的优秀表现和成绩都得到认可与表彰。总的来说，奖励分为集体奖励和个人奖励。集体奖励包括：文明班组、优秀教研组、优秀备课组、学校承接区级以上教育教学研讨或展示活动、学校获得区级及以上荣誉称号，及其他集体评优活动。个人奖励包括：教学／科研比赛中获区级以上奖项、指导学生参加比赛获区级以上奖项、学生学科考试平均成绩在浦东新区名列前茅、为学校组织重大活动或申报荣誉称号做出突出贡献等。奖励形式多样：一是发放奖金、实物、提工资、改善住房等物质奖励；二是提供参观、疗养、进修等物质精神并重的奖励；三是授予荣誉称号、发放荣誉证书、宣传优秀事迹等精神奖励办法，如"感动进北十大人物"等。

2. 正向增能，激励"领头羊"，发掘团队潜力

政策激励的另一要务是保护好团队的"领头羊"，确保有人愿意"出头"，同时激发普通教师的潜力，促使其向领头羊看齐，从而打造人人积极向上的团队文化和共同体文化。

美国领导力大师马克·墨菲在其《带人不能只靠加薪：挑战你的下属，他

们能做的比你想的多》一书 [4] 中用众多真实案例论述了"正向增强"的力量：领导如何通过正面肯定（而非负面威胁）员工而激励他们继续努力，保持工作热情和对公司的忠诚。借鉴该管理精神，进才中学北校通过公开正式表扬、评聘特殊称号并发放相应工作津贴的政策，对优秀教师的努力和成绩予以肯定，发挥正向增强的力量。为激励已经取得优异成绩的教师继续追求卓越，学校推出了评聘"进才中学北校特色教师"的政策，凡做到师德作风好、学术造诣深、指导能力强、德育素养高、工作实绩突出的教师均有资格提出申请。成绩特别突出者可以直接获得特色教师称号，例如：获评区骨干教师／学科带头人及以上称号者、获省市级及以上优秀教师／劳动模范称号者、获省市级教育教学比赛一等奖及以上者、辅导学生参加学科竞赛获奖多项者等等。在特色教师系列中，增设专门针对班主任的"德育特色教师"评聘，以激励班主任的专业成长。一旦获聘特色教师，在聘期内可享受每月三百元的工作津贴。同时，将在全校大会等重要的公开场合，由校长亲自为每一位教师颁发聘书，并公开宣读其主要工作成绩。对教师们而言，物质奖励还在其次，"特色教师"称号本身便是一种莫大的荣誉，这代表着他们的工作表现得到了校方的公开认可。通过这些"正向增能"措施，优秀教师们干劲十足，不断追求卓越，学校因此涌现出一大批能够在教学、德育、课题研究等方面独当一面的团队领袖。

"领头羊"培养出来，接下来的问题是如何人尽其才，带好团队。许多管理者此时容易陷入一个误区，就是事事交给优秀员工来做，以致他们不堪重负，普通员工则压力不足，悠然自得。在一次关于员工激励的领导力培训演讲中，马克·墨菲解释了许多员工不愿付出全力的原因。他将员工大致分为三类：优秀员工、中等员工和低等员工。虽然会因具体单位而异，但总体来讲，中等员工占据的比例最高，大约70％左右。马克的调查研究表明，仅有10％的中等员工在工作中付出了百分百的努力，纯粹是因为能力不足而达不到优秀员工的

---

[4]　Murphy M . Hundred Percenters: Challenge Your Employees to Give It Their All，and They'll Give You Even More，Second Edition[J]. Amacom，2013，13（09）：1-13.

水平；而绝大多数（90％）对个人潜力有所保留，主动选择不做优秀员工。这是因为，每当有紧急重要的工作任务，总会被派到优秀员工头上，因此优秀员工总是累得焦头烂额；中等员工一方面不想陷入这样的境地，一方面也认为自己做不了那些工作，因为领导从来没有表示过信任。马克带领的团队在不同性质的单位中进行了15次实验，结果表明：领导者若主动对中等员工表示，"我觉得你的潜力没有充分发挥出来，你觉得自己只能做到中等，我并不这样认为"，最终中等员工的工作表现会提升30％到100％。激发大批中等业绩表现者，可以减轻百分百员工的负担，形成良性循环，最大化促进团队发展和团队综合业绩表现。借鉴上述管理精神，进才中学北校推出了一系列的校本政策，激励全体教师持续追求专业发展的热情。例如，通过"分层培养"的政策，明确不同水平和层次的教师在专业发展中的角色和工作侧重点，使所有老师都尽力发挥潜力，避免优秀教师过劳、普通教师过闲的不平衡现象。此外，考虑到教师职称评定中的实际困难，学校经过教代会讨论通过了《低评高聘制度》，对专业技能或职称等级较低，但实践能力足够高的应聘者实行破格聘用，通过切实的政策激发中青年教师成长的动力，促使其在团队中力求上进，不断突破自我，向团队领袖看齐。

3. 文化引领机制

"文化"是一个包罗万象的抽象概念，在不同的语境下有着不同的含义。一个社会的文化可以说包含了社会运转中所表现出的方方面面，如人们广泛接受的观念、生活方式、艺术、风俗，乃至建筑、饮食等。同理，一个组织的文化也体现在其日常运转中的方方面面，既包括组织的使命、价值观、组织制度、组织架构等，也包括组织内全体成员的行为准则、行事方式，乃至组织所在的物理环境、所产出的有形产品等。组织文化是一个组织的生命基因，决定着其成长发展的方向；也是一个组织的灵魂，为组织的成长提供不尽的原动力。就初中教师专业共同体而言，生成有效的共同体文化也是共同体运行机制的重要组成部分。进才中学北校教师专业共同体的文化源于学校整体文化，聚焦教师发展，其文化生成过程即教师们从树立发展意识到实现高效、有序、持续的团队协作的过程。以下从三方面论述共同体文化的生成与引领机制。

（1）激发师道追求，完善师德规范

共同体的主体是教师，共同体文化生成的主体也是教师，其最基本的根基就是教师的为师之道，为师之德。共同体通过内引外导的方式，一方面从教师的内心出发激发其对师道的追求，另一方面，以外在的行为激励和抑制为着眼点，完善师德规范，提升师德水平。两者合一，打造敬业奉献、师德高尚的共同体教师文化。

经验和研究表明，内在动机是人们行事最持久而有效的动机。崇高的理想信念能够产生巨大的能动性，使人们积极主动地应对生活和工作。"一个优秀的教师，必须具有远大的力量，不断地给自己提出追求的目标，同时又要有激情。人要会做梦，优秀的教师要永远伴随着自己的梦想"[5]。因此要打造有效的教师专业共同体文化，首先要树立教师发自内心的社会理想和师道追求。

进才中学北校以"树人达己"为师风，"树人"就是把学生培养成人，"达己"就是成就自我，实现自己的人生价值。"树人达己"旨在激发教师在成就他人中实现自我的职业情怀和理想，在教育中获得幸福感，以教书育人为乐。教师工作平凡而琐碎，需要教师付出大量的时间、精力和爱心，工作任务重而物质回报少，非具有高度的职业热情、理想和奉献精神而不得坚持。事实上，真正优秀的教师多是理想主义者，失去了教育理想，教师也就失去了职业幸福感。对于心中有梦的教师而言，教育是享受，而不是牺牲，是创造而不是重复，是生活本身而非谋生手段。教师最大的快乐便是看到自己的学生成功、成长。教师职业的特殊性之一便是能够不断见证和感受学生们的成长，并从中体会到快乐、满足和成就感。进才中学北校教师共同体有意识地引导教师去体会这种发自内心的成就感，并通过优秀班主任、优秀党员、三八红旗手、感动进北教师、说说我的教育故事等各种评优和交流活动，予以公开表彰、奖励和宣传，增强教师个人的职业成就感，并感染他人，形成良性循环，逐渐形成比育人成效、

---

[5] 朱永新. 我的教育理想 [M]. 北京：中国人民大学，2011.

比付出、比奉献而非比物质成就和享受的良好师风。"莫笑校园财路窄，书山漫步乐悠然"，进才中学北校教师专业共同体文化使得教师们总是以学生的成长作为自己最重要的快乐源泉，坚信做好平凡事亦可成就伟大的人生。

除了育人为乐的师道追求外，共同体还致力培养教师的家国情怀和社会责任感。育人的根本目标是要培养优秀的社会公民，相较未来可转化为职业技能的专业知识，同等重要的还有社会责任感。要培养有社会担当的学生，教师们首先要胸怀远大理想，关注人类命运，关注社会，具有强烈的社会责任感。为此进才中学北校教师专业共同体通过实践活动、师德教育、师德规范、评优宣传等措施，多管齐下，不断增强全体教师的社会责任感，为学生树立榜样。例如学校 M 老师多年坚持利用自己的专业知识服务社区，利用暑期为社区居民和儿童义务授课，举办"我爱我家——洋泾历史溯源""妙联趣联""可爱的汉字""感恩时刻"等知识讲座，为社会改善尽一己之力。该位老师被社区评为"十佳道德示范标兵"，并受邀在教师共同体中分享自己服务社区的经历和感受。这样的举措不但给 M 老师以正面强化和激励，而且会触动其他老师向榜样看齐。

在充分信任教师师道追求自主性的基础上，进才中学北校教师共同体还十分注重师德教育和师德规范工作。一方面，组织教师加强理论学习，创造良好的师德教育氛围。每学年之初，学校都进行师德师风教育的全面动员，统一思想，明确责任，落实具体举措。采取走出去、请进来相结合的学习方式，举办主题多样的师德讲座，组织教师学习科学发展观重要思想、党的最新精神以及和教师职业密切相关的法律法规，如《教育法》《教师法》《教师职业道德规范》等；另一方面，以规范的方式体现和强化教师内在的价值追求，通过制定和完善《上海市进才中学北校社会责任感评价量规》《进才中学北校教职工文明礼仪 20 条》为教师的日常行为提供参照和规范。认真贯彻落实《中小学教师职业道德规范》，在每年进行的学年度和年度两次考核中，职业道德规范情况都列入首要指标，出现责任事故或有失师德的行为，则实行一票否决，即考核"不合格"。

（2）加强人文关怀，丰富文体生活

除了呼吁激发、规范约束外，共同体教师文化生成机制的另一要素是关怀、服务和丰富教师生活。

首先，共同体领导者要真正认可教师在学校的主体地位，认识到学校是教师的家园，教师是学校的主人，而不是工人，不是纯粹的管理对象。要转变观念，从管理思维转向服务思维，力求体察教师的苦衷，满足教师的合理需要，做好教师服务工作；要意识到人文关怀的重要性，做好人文关怀，通过切实的行动提高教师的幸福感。为此，进才中学北校不断完善教师工会组织，提升工会组织的履职能力，逐步推进学校民主管理、教职工文化建设、职工保障体系建设等，努力发挥工会组织的桥梁纽带作用，使其成为教职工真正信赖的娘家人。建立职工丧事必访、职工住院必访、教职工有重大困难必访、突发事件必访、权益受损必访、家庭纠纷必访的"六必访"制度。学校坚持"六必访"制度，热切关心教职工生活，热情为之服务，以提高教师的幸福感，提升共同体的凝聚力。

与此同时，进才中学北校教师共同体不断丰富教师的文体社团生活，通过形式多样的集体文娱活动（如体育节、运动会、音乐节等），帮助教师调节工作与生活，实现工作与生活的平衡，取得更佳的工作状态和精神面貌。学校曾花大力气改善了"教工之家"，为教师营造出一个温馨、雅致的休闲空间。以健康的文体活动充实和丰富教师的业余生活，可同时增进教师间的相互理解和友谊。兴趣爱好相近的教师逐渐结成各样的文体社团，定期自行组织不同的社团活动。为了支持教师社团，学校工会认真制定了社团活动方案，在人力、财力、物力上给予大力支持，确保社团活动的常态顺利开展。目前，共同体内部的教师社团活动有声乐、舞蹈、摄影、书画、形体礼仪、瑜伽、健美操、太极拳、羽毛球、乒乓球等。教师们自娱自乐，其乐融融，还代表学校参加上海市及浦东新区各类教工社团比赛，并屡创佳绩。

除上述常见的文体活动外，特别值得一提的是旨在提高教师人文素养的"书香校园"读书活动。人文素养是人的立身之本，没有人文保驾的专业能力有时候难有用武之地，甚至会带来灾难。这也是为何我国在新中国成立后四十多年的专业化教育出现严重弊端之后开始倡导素质教育，补课人文素养的原因之一。近年来，中国社会阅读文化的萎靡令人担忧。如若教师们自己都不读书，又如何倡导学生广泛阅读，如何能说清阅读之重要并令人信服？为此，共同体采取多种措施培育校园的读书文化。结合教师的专业发展和工作需要，动员和组织教师们阅读教育学、心理学等专业理论书籍或各类人文通识书籍，并要求其撰写提交心得体会，通过线上线下相结合、电脑端与手机端相结合的方式，开展电子、纸质图书阅读分享和小组交流活动。阅读开展的方式多样，例如教研组共读：各教研组每月选出 1—2 本指定的专业书籍，供组内教师共同阅读。教研组在每个月末组织组内教师进行读后感交流活动；自主阅读：每位教师每学期自选 1—2 本感兴趣的书籍，自主阅读，自写读书笔记，丰富自身的精神世界。学校每学期期末从中评选出 5 篇优秀读书笔记，并刊登在校刊上，供全校师生阅读、学习；集体轮读：学校集体购置一些经典书籍，学校全体教师有针对性地开展集体轮读，进行专业研讨；好书互荐：学校鼓励教师将已阅读过的优秀书籍向其他教师进行推介，共同分享，从而为教师合作创设更好的环境氛围，提高教师的专业发展水平。

目前教师共同体教师的读书氛围浓厚，定期举行读书会进行研讨交流。现在，读书活动已成为进才中学北校教师校园生活的有机组成部分。学校党政共联手，明确"悦读"计划，人人读书、年年交流。以 2016 年为例，6 月份学校发展研究处为全校每位教师购买了《今天怎样做教师》《我们这个时代的怕和爱》《自控力》《美国十讲》《翻转课堂的可汗学院：互联时代的教育革命》等 5 本书，供教师们在暑期阅读学习；11 月份，工会组织开展了全校教职工的读书交流活动，老师们在校园网交流了自己的读书心得，取得了良好的反响。教师们积极学习，在学习中解决问题，提升自己，呈现出积极向上的精神面貌。

（3）力推互助文化，提升专业素养

学习文化是教师专业共同体文化的核心要素之一。"教师组织学习的最终目的是成为一个能够不断进行自我充实、自我反馈、自我完善的有机系统，一个能进行集体性系统思考的有智慧的组织。这样的教师组织才有力量对复杂的教育环境和问题做出创造性的、正确的反映"[6]。学习能力强的组织往往拥有一种开放的文化、扁平而柔性的组织结构，鼓励知识自由流动。它拥有知识共享的机制，允许成员进行尝试，从失败中学习，引领着成员向着既定的共同愿景前进。因此，要倡导教师们将学习视为自己的工作本职之一，工作中不能故步自封，而是要怀着学无止境的心态不断提高完善自身的工作能力。进才中学北校教师专业共同体一直以构建"学习型教师组织"为目标，通过教师间的共同学习及合作竞争实现学校育人能力的提升。彼得·圣吉[7]认为，在学习型组织中，学习已经成为生活不可分割的一部分。在其中，一群人以极不寻常的方式在一起工作，他们彼此信任，互补长短，为共同的大目标全力以赴，并不断扩展创造未来的能力。每个人得以在工作生活中活出人生的意义，实现共同愿景。"学习型组织是指那些有意识地激励组织学习，使自己的学习能力不断增强的组织；而非学习型组织对组织学习听之任之，从而一步步削弱了其学习能力"[8]。"学习型组织是包含个人、团队、组织等层面的学习，经由创新改变、知识转换，培养组织成员持续的学习力，形成良好的组织学习文化，不但有助于个人知识、信念及行为的改变，也能借此促进团队创造、运用并转化知识，进而强化组织持续创新的能力，以适应不断变化的环境"[9]。因而，构建学习型组织也是进才中学北校面对当下变革大环境，提高学校适应能力的理智选择。

随着社会发展节奏，特别是社会知识和技能更新速度的不断加快，学习能力的发展逐渐取代了静态知识的摄取，成为教育最重要的目标之一。教师不再是知识的权威，其在课堂上的角色也不再是单纯的知识灌输者，而是教学过程的设计者、学生自主学习的向导和支持者，乃至与之共同学习的学习伙伴。学

---

[6] 白磊．学校基层教师组织研究：年级组和教研组的冲突与整合 [D]．北京：首都师范大学，2007．

[7] 彼得·圣吉．第五项修炼：学习型组织的艺术与实务 [M]．郭进隆，译．上海：三联书店，1998．

[8] 黄健．造就组织学习力 [M]．上海：三联书店，2003．

[9] 张兆芹，罗玉云．学习型组织理论视角下的教师专业发展 [J]．课程．教材．教法，2005，11：74-79．

习化社会的现实决定了每一个教师的职业生涯中都会面对着不断发展的问题，教师必须成为终身学习者。一方面，教师面对的是不断更新的问题情境和新知识，以及培养学生具有自主学习能力的新要求。要培养学生持续学习的能力，教师自身首先要树立起终身学习的观念，不断丰富自己的文化知识，不断提升自己的专业能力。另一方面，实际工作对教师的要求已经不同于现实情况下教师拥有的知识和技能，教师本身也被要求是自主学习者，能不断地获取自己所需要的知识和技能。这不仅关系到教师自身的存在及发展，还关系到人才培养的质量和社会发展的步伐。总而言之，教书育人的使命呼唤每一位教师树立终身学习观念，发展终身学习能力。一个优秀的教师专业共同体，应该是一个学习型的共同体。

共同体学习文化的核心是团队引领，个人与团队共成长，个人学习与团队学习并重。进才中学北校在建设共同体学习文化的过程中，注重学习方式的多样化，将个人学习和专家引领适度结合。每学期开学之初，每一位教师要依据个人情况和目标制订学习计划，结合所在教研组的要求积极有序地开展个人学习。同时，根据学校整体和教师个人专业发展的现实需要，定期安排校内专家或聘请校外专家进行教师培训和指导。共同体的"青蓝工程"师徒结对活动便是专家引领学习的体现之一。专家深入课堂以及教师课堂准备、课后反思的全过程，从听课、上课、评比等方面提出明确的要求，开展师徒同课异构、捆绑考核等，实现老带新、新促老，新老教师共同提高。要求每位新教师必须自拜"教学师傅"，并组织学校教学基本功比赛、署青年教师展示课等。为"升格"教师每月聘请市区学科专家进行带教辅导，并通过课题研究、骨干教师带教、外区、外省市教学展示观摩、研讨培训，为其提供学习机会。学校鼓励青年教师积极参加"英特尔未来教育——混合式学习"，鼓励教师进行高一层次的学历进修，鼓励教师继续学习，支持教师在职攻读教育硕士或其他相关硕士学位，为教师提高学历层次创造条件。学校也设立了"进才中学北校教育论坛"，引导教师将各自的教学特色、教学经验和好的做法与全体教师共享。学校建立校园网教师成长档案袋，要求教师将自己的教案、课件、公开课视频、读书心得、论文、案例等资料上传到档案袋上，进行共享。学校还多创设教师们走出去学习的机会，鼓励教师参加校外、市外、国外的学习交流活动。

（4）注重团队建设，倡导共生文化

"教育工作是一个需要合作的事业，单靠各个教师个人的努力，不足以培养学生集体；要培养学生集体，只有诉诸教师集体"[10]。进才中学北校向来重视培养合作互助的教师文化。学校领导努力构建共享与合作的组织氛围，秉承着开放和信任的原则与教师沟通，让教师受到尊重与支持，从而消除内在与外在的限制与束缚，营造一个安全的对话情境。同时注重激发教师合作的共同愿景，增强教师合作意识。学校坚持打破教研组和年级组的狭小范围，构建教师专业发展共同体。在教师专业发展共同体中，不同教师之间在知识结构、思维方式、认知风格等方面均存在差异，这种差异就是教师合作学习的动力。合作成员为了共同的目标，相互取长补短，互相帮助，从而实现了情感的交融及思想火花的碰撞，并在共同体中产生强烈的归属感，逐渐形成教师合作团队。

学校注重搭建个体间、教研组内、校内和校际的合作平台，如实行师徒结对的"青蓝工程"、开展每月一次主题校本研修、与兄弟省市的同行和国际同行交流等。正是这种集体合作的文化孕育了进才中学北校优秀的教师队伍。通过开展争创文明班组评价活动，积极引导广大教职员工立足本职，爱岗敬业，形成团结互助、积极进取、崇尚和畅、争当先进模范的单位风气。通过组织各项文体活动，积极引导广大教师以健康积极的状态和工作面貌投入到教育教学工作中去。

在合作的团队文化中，共同体成员还会逐渐因为集体荣誉感而生发出互相督促的文化，即团队成员之间会相互影响、相互教育和督促。"红红脸、出出汗、拉拉袖子、提个醒"。与成员间的互信督促相比，传统的自上而下的行政管理存在许多弊端，其中之一便是领导与下属之间，或者各职能部门与被管理对象之间往往存在对立情绪。而在教师专业共同体中，各成员之间是平等的关系，

---

[10]　陈桂生．"教师集体"辨析[J]．思想·理论·教育，2002，04：33-35.

彼此之间更容易接受对方的建议，在受到一些善意的"提醒"时，一般不会产生抵触情绪，这种机制更有利于教师之间的协同发展。

以上从持续改进、政策激励和文化引领三个维度论述了教师专业共同体依赖持续发展的运行机制。除此之外，共同体的可持续健康发展还离不开对公平、有效的评价和多方保障，以下将就教师专业共同体的评价和保障机制展开讨论。

第四节　建立评价机制

　　建立系统、科学的教师评价制度，开展教育质量综合评价，是教育教学改革和形势发展的需要，是全面提高教育质量和办学效益的一项基础工程。开展教师评价对促进教师队伍建设，实现教师专业发展具有重要意义：第一，开展教师评价是全面贯彻教育方针，全面提高教育质量的需要。第二，开展教师评价是提高教师政治业务素质，加强教师队伍建设的需要。通过教师评价，对每个教师的政治业务素质，教育教学工作水平进行价值判断，为教师自觉提高政治业务素质、提高工作水平，指出明确的方向和目标，为学校领导合理使用教师、安排教师、培养提高教师提供可靠的依据；通过教师评价，对教师履行职责的情况和工作的效果进行价值判断，一定程度上反映出教师工作的优劣，质量的高低，可以起到鼓励先进、鞭策后进的作用；通过教师评价，特别是通过教师的自我评价和进行形成性评价，及时反馈，及时调控，及时改进，使教师及时发现自己教育教学工作中的优势和不足，激励教师不断发扬优势，克服不足，不断改进工作，提高工作质量，实现教师的自我认识、自我改进、自我完善和提高。总之开展中小学教师评价是教育改革和发展的必然要求，是全面贯彻教育方针、全面提高教育质量的需要，是提高教师政治业务素质，加强教师队伍建设，调动教师积极性、自觉性的需要，也是深化学校内部管理体制改革，强化管理效能，实现学校管理科学化、规范化、民主化的需要。

一、过程评价机制

过程性评价是相对于阶段性评价、终结性评价等传统评价模式而言的。"过程"重视的是全面整体的延伸、提高，强调的是教与学结合的全部过程，是教师学习、教学、反思、实践的全部过程。过程性评价是对教师学习的动机、过程和效果进行三位一体的评价，这种理念通过采用多样化的评价手段而得到落实，既支持从外部对教师专业发展进行量化的测量，同时又更加重视质性的方法，强调内部的、开放的评价过程，将评价嵌入到发展过程中。过程性评价是学校提高教师专业水平、促进教师发展的有益探索，目的在于实现以评促学，通过评价发现问题、基于评价结果及时提出改进方案，以便更有效地促进教师发展。

在专业共同体中对教师进行过程性评价具有诸多优势：一是评价全面。无论从评价的价值取向还是从评价的内容方法上看，过程性评价的理念更为全面，也就能更全面地发挥评价的各种功能。过程性评价既注意标准又注意过程，不试图用过于刻板的标准来衡量所有的教师，而是通过教师在开展教育教学过程中的表现去判断每位教师的专业水平。二是评价和反馈及时灵活。过程性评价是与教育教学同时进行的共时性评价，评价和教育教学相互交叉和融合，有利于及时地肯定教师的成绩，引导教师的教育教学发展方向，及时地发现存在的问题和不足，改错纠偏。过程性评价不过分追求目标的标准化和方法的规范化，不过分追求评价的客观性和精确性，不过分追求评价环境和程序的正规和严肃，有利于教师充分展示才能。三是评价更深入、更具可持续性。过程性评价采用包括质性评价在内的各种评价方式，从教师本身、从同辈伙伴、从校长专家等不同的角度获得评价信息，不像传统的评价只能测量可量化的，可以从不同的视角对教师进行描述和评价。与终结性评价不同，过程性评价不是间歇式地进行，而是贯穿于教师专业发展过程。

教师的专业发展是个体在自我与团队中的生活、生长和经验改造过程，是循序渐进的积极的发展过程。教师专业的发展与过程密切相关。"过程"与"发展"的价值取向，是过程性评价的理念基础；对学习与反思、提高具有"反馈"和"回流"作用。

良好的专业发展评价是：审慎规划的结果、提出良好问题的能力和对如何找到有效解决方案的基本理解。发展性评价就是依据一定的教育目标，以现代教育发展观为指导，以促进教师改进教学和教师专业性发展为目的，以教师内涵发展为主，以评价主体多元为方向，体现和尊重被评者的个别差异和个性特征，将他评与自评结合起来，定量与定性相结合，注重形成性评价和过程性评价。过程性评价机制是对教师及所处的共同体（团队）发展性过程的评价，是对教师专业发展的动机、过程和效果的三位一体的评价，评价促进了教师的终身学习和可持续发展。过程性评价是教师在"教学做合一"模式中具有独立自主的自我意识的体现，将经验与反思的整合与内化的过程，归根结底是教师专业发展不断领悟、反思的过程。教师在教育教学过程中不断探索未知，在实践中研究，在研究中实践，不断发现问题、解决问题，提高专业水平。

过程性评价的主体不仅是教师、校长和专家，也包括作为教师教育教学的客体即学生。过程性评价的性质和功能因此增加了新的含义，评价不仅是对教师专业发展效果的确认，也是一个诊断和改进提高的过程。过程性评价有利于提升教师教育智慧，培育教师合作文化，认同学校文化。

总之，过程性评价是教师在实践、反思、对话交流、再实践的过程，是一种开放的评价机制。这种机制为教师群体提供了一种共同分享和提高深层交流合作的工作方式，为教师沟通和融合以及分享深层次的教育教学经验提供了机会，进而对共同体愿景有较强认同感和归属感。通过评价，教师在参与过程中分析问题和解决问题，更具有针对性和有效性，集大家的智慧，教师通过不断的反思，创造性地形成新的实践性经验，从而内化为教师的实践能力，促使教师走上可持续的专业成长之路。过程性评价也是这种自我实现的过程，包括了自我审视、自我反思、自我学习、自我超越等，它需要教师平时的积累和完善，是教师在个人教育经验、教育实践知识的基础上进行的改变。教师的每一次反思都意味着对旧有教育理念和行为的扬弃与对未来发展图景的规划，所以它是一个自我超越的过程。教师的自我反思就是教师个人对自我教育教学观念、教育教学行为的自我认知、自我监控和自我调节。进才中学北校非常注重教师个体的综合专业发展，尤其注重教师在团队中的发展，学校为教师的专业发展整合资源、协调关系、沟通信息，为教师实践共同体的创建和运作创造支持性条件。

二、绩效考核机制

2008 年 12 月，国务院人力资源社会保障部、财政部和教育部联合发布了《关于义务教育学校实施绩效工资的指导意见》，提出"按国家规定执行事业单位岗位绩效工资制度的义务教育学校正式工作人员，从 2009 年 1 月 1 日起实施绩效工资"。该意见规定，绩效工资分为基础性和奖励性两部分。基础性绩效工资主要体现地区经济发展水平、物价水平、岗位职责等因素，占绩效工资总量的 70％。奖励性绩效工资主要体现工作量和实际贡献等因素，在考核的基础上，由学校确定分配方式和办法。

绩效工资是国家整体提高教师工资待遇，体现多劳多得、优绩优酬的重要举措。要想使基于绩效的工资能够切实起到激励作用，有赖于公平完善的、切实可行的、令人信服的绩效评价方案。因此，各学校应当着力构建符合教师成长规律、导向明确、标准科学、体系完善的教师绩效考核评价制度，充分调动教师工作的积极性、主动性和创造性。

为了保障公平公正，体现多劳多得原则，学校在广泛征求意见的基础上，制定了《进才中学北校绩效考核办法》，包含考核原则、考核内容、评价模式等具体内容。

绩效考核工作遵循如下原则：（1）尊重规律、以人为本。尊重教育、服务规律，尊重教师的主体地位，充分体现教师教学育人工作的专业性、实践性、长期性特点和教辅各岗位工作特点、专业要求。（2）以德为先，注重实绩。把师德放在首位，注重教师履行岗位职责的实际表现和贡献。（3）激励先进，促进发展。鼓励教师全身心投入教学育人工作，引导教师不断提高自身素质和教育教学能力。鼓励教辅人员全身心投入服务育人工作，引导其不断提高自身素质和服务技能。（4）客观公正，简便易行。坚持实事求是、民主公开，科学合理、程序规范，讲求实效、力戒繁琐。

绩效考核内容主要是教师履行《教育法》《教师法》等国家法律法规所规定的教师职责以及完成学校规定的岗位职责和工作任务的实绩。具体包括：（1）出勤：主要考核教师出缺勤情况；（2）工作量：主要考核教师承担教育教学任务的工作量；班主任按教师工作量的一半计入；主要考核教辅人员承担岗位规定的和临时性、阶段性的工作量；（3）职业道德：主要依据《中小学教师职业道德规范》进行考核；（4）教育教学工作：主要考核教师在教育教学过程中贯彻落实教育部和上海市教委有关文件精神的情况及所取得的业绩；（5）班主任工作：依据教育部制定的《中小学班主任工作规定》及教育行政部门的有关要求，主要考核班主任育人能力与成效；（6）专业发展：主要考核教师基于教育教学实践的探索研究能力与成果，以及参加各级各类培训的情况；（7）服务效能：主要考核教辅人员履行岗位职责与服务的质量。

绩效考核每学期一次，每学年第二学期考核结果分为合格、基本合格、不合格三个等第。绩效考核遵循教师自评、组室评议、组织考核和确定考核结果并公示的过程。并采用多元评价模式。具体包括教师自评与学校考核相结合、绝对评价与相对评价相结合、定性评价与定量评价相结合、过程评价与终结评价相结合、实行违法违纪一票否决。

以上所谓考核原则、内容和模式看似抽象，实则在具体执行中都逐一落实为可量化的具体标准。以考核内容中的"出勤"为例，要落到实处必须给出十分具体的规定，例如出勤并非仅指教师到校或到堂上课，还包括各级例会、学校的升旗仪式、政治学习以及大型集体活动等，在所有相关活动中旷工、迟到、早退均加以记录，作为学期业务考核中的扣分依据。再以十分抽象的"职业道德"为例，考核评价量规中将评价内容具体化为三个方面：遵守纪律，认真履行岗位职责；爱岗敬业，主动服务意识强；良好的人际交往与团队合作。尽管这些表述仍不像缺席一次扣一分那样可以绝对量化，但是教师在与领导和同事的长期共事中基本可以展露无遗，结合多元评价模式，可以做到较为准确的评价。不仅如此，还对一票否决的情况做了明确规定，如违规收费查实，突发事件未能及时到岗妥善处理，发生重大安全事故和责任事故，校内违反禁烟规定，言行不当影响班级团结造成不良后果等。这些规定将职业道德这一抽象概念进一步具体化。有效的绩效考核就是要这样做到实处，否则将成为一纸空文，起不到应有的作用。

三、团队评价机制

所谓团队评价机制，就是将一个团队作为一个整体加以评价，对团队中的每一个成员一视同仁，而不再根据个人成绩单独进行评价。这表面看来，有"平均主义""大锅饭"之嫌，似乎有可能挫伤个体教师的积极性。实则不然。只要运用得当，团队评价机制可以大大提高教师们的凝聚力和集体感，从而创建出团结一致、有战斗力的团队。一个好的评价机制，能产生"一棵树撼动另一棵树，一片云推动另一片云，一个心灵唤醒另一个心灵"的教育效果，从而促进教师团队的建设，提高整体素质。

进才中学北校教师共同体的团队评价力求通过评价内容多元化、评价方式多样化来确保评价的公平公正，具体实施方案为"均分制"和"加分制"相结合。"均分制"，即每个人的分值总和除以总人数，既是个人得分又是团队得分。这种办法使得先进帮后进成为常态，相对落后的自我加压自发上进。"加分制"，把对优秀教师的奖励分值累计到所在团队的总分之中，这一成绩很大程度上决定着团队的名次，相对落后的教师心存感激，优秀教师在团队中的威信不言而立，归属感、成功感和自豪感油然而生。久而久之，这种评价方式的有效实施有望培育出和谐共进的团队。在一些重要的事件场合中，由于教师之间形成了"利益"共同体，因而每一位个体都视集体任务为己任，尽最大能力为集体效力，团结一致，形成合力，取得最大的团队收益。

以教师参加教学大赛为例，一面是进才中学北校的"我不是一个人在战斗"（集整个教研组之力），一面是其他学校的"孤胆英雄"，如此情形，进才中学北校的屡战屡胜既合情合理，又在意料之中。如此显而易见的策略为何别的学校没有想到呢？不是想不到，而是难做到。试想：整个教研组都投入巨大的心血，从选题、教学设计到资料准备、逐字打磨，眼看着打造出了有望一鸣惊人的精品，该由谁去呈现呢？谁来参赛，就等于荣誉给了谁，因为大赛组委会不会把奖颁给整个教研组。如何要大家做到默默付出到最后又不争功呢？若无公平的评价机制作为支撑，寄希望于纯粹的利他主义显然是不现实的。社会学的研究表明，纯粹利他在人类社会几乎是不存在，即便部分宗教人士貌似圣哲般的无私，也被认为是为了获得更好的他世。普罗大众能够做到的最多是亲缘利他（如父母对子女），更多是互惠利他（为了日后能够获得回报而愿意此刻做出利他行为）。团队评价机制就是充分利用"互惠利他"而非"纯粹利他"的人类本性，将集体功劳归于集体，避免个别争功。就教学大赛而言，如果一位教师获奖，其所在的教研组全体教师获得同等的物质和精神奖励，而不凸显对得奖教师的个人奖励，那么教研组成员便更愿意做出集体努力。

如上所述，团队评价机制可以有效抑制个体成员争相争功的现象。但在运用该机制时，还要思考如何避免"集体怠惰"[11]的现象。换句话说，人人努力，成功了有我的一份；但人人不努力，失败了也没我的责任。这种心态对于团队建设是致命的。因为许多时候，人人有责，就等于人人无责，这也是固有的人性所致。那么如何确保人人对团队的表现负起责任呢？除了前述"功劳均分"的办法之外，进才中学北校还采取了"株连惩罚"的团队评价制度。以优秀教研组的考核为例：要求教研组所在学科的学生中考成绩必须到达预设目标，如果达不到，那么不但无法获评优秀教研组，而且组内教师所获得的优秀备课组

---

[11]　有一个著名的社会学实验：让两组人去削土豆皮，在一定的时间内看谁削得多。告诉第一组人，会计算他们每一个人削的土豆数量，告诉第二组人，只会数整个组削的土豆数量。结果发现，第一组人削的土豆数量远远多于第二组。这就说明，不考虑个人贡献时，人们容易出现集体怠惰现象。

称号也全部收回。这样严格的制度使得团队中的每一位老师都不会轻易懈怠。因为，一人懈怠影响的不光是自己，还会拖累整个团队。也许有部分教师对于追求个人进步和荣誉动力不足，但几乎没有教师可以心安理得地连累同事，影响别人的既得利益。

要特别注意，团队式的管理，不是简单地将一批老师捆绑在一起加以评价，而是要注重引导团队成员在思想上认识到团队建设的初衷与潜在益处，倡导他们互相教育和影响，充分发挥团队的功能。比如，学校规定不允许教师在办公室或教室内抽烟，那么将这一规定纳入共同体的考核范围，教师不光自己不能抽烟，而且不能纵容同事在自己的办公室抽烟，如果有同事在你办公室抽烟而你不予提醒或制止，那么两人所在的团队均会受到扣分处罚。有了制度规约，教师间的互相监督或提醒，就被赋予了团队发展的积极意义，教师们会对此持有更加开放和肯定的心态，提醒方不必因为顾及对方面子的问题而有心理负担，被提醒方也不会认为对方对自己有任何个人恩怨或不满，而只是"照章办事"，这种提醒甚至是对自己好的，可以帮助自己免受拖团队后腿的风险。如此久之，问题可以得到很好的解决，而教师之间也不会产生、积压对抗情绪，可以维持和谐共进的同事关系。

团队管理是关于人的艺术，必须深谙人性并因势利导，才能做到应对自如。一些看似负面的现象实则反映了人性，不能回避，必须迎头而上。通过集体功劳均摊、一人有错团队受牵连等团队评价机制，可以促使共同体教师团结一致，互相监督，向着共同的目标奋进，既不会自甘堕落而拖团队后腿，也愿意助力他人成功，乃至为了团队利益对拖后腿者拉起"严肃脸"。

第五节　建立保障机制

一、组织保障

1. 校本教师发展组织机构

长期以来，我国大中小学学校中都没有专门的教师专业发展机构，教师培训通常交由各类教师进修学校，或者其他社会机构（如出版社等）组织的暑期研修和各种三五天的短训班，缺乏系统性和可持续性。由于这些零星的培训不能满足全体教师持续的专业发展需要，一些高校开始着手建立校本的教师发展中心，但目前还在摸着石头过河的起步阶段。中小学在这方面的反应更加迟缓，教师发展主要以入职集中培训和在职教研室活动为主，加之上级教育部门主导的各类培训活动。为了更好地建设学校教师专业共同体，系统有序地开展持续的、全方位的教师发展活动，进才中学北校成立了专门的校本教师发展组织机构，主要包括：教师专业发展领导小组、教师专业发展工作与督导小组以及学术委员会（参见图 4-1）。这些机构成为进才中学北校教师专业共同体的重要组织保障。

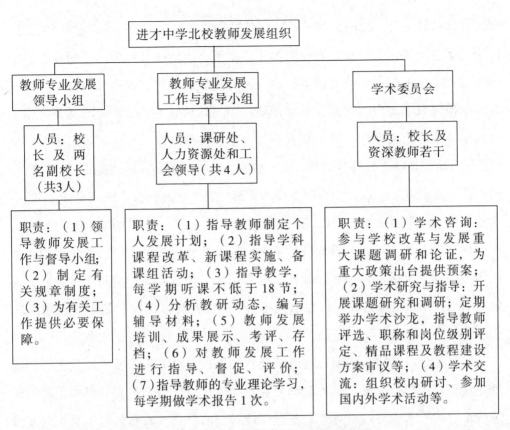

图 4-1　进才中学北校教师发展组织机构图

以上各组织围绕教师专业发展工作各司其职，各有侧重。其中，教师专业发展领导小组主要负责顶层的规划和制度设计、统筹安排和领导其他有关部门的工作。教师专业发展工作与督导小组负责教师专业发展多方面具体工作的开展、落实、检查与督导。学术委员会则专司与教师学术能力发展与评估相关的工作。

现以学术委员会为例，说明组织保障在教师专业共同体建设中的作用。2013 年，进才中学北校成立学术委员会。学术委员会主任委员由校长担任，常务副主任委员由校内德高望重、学术精湛的资深教师担任，委员由校长提名、各部门各条线推荐相结合产生，以教育教学经验丰富的资深教师为主。学术委员会主要承担如下职责：其一，学术咨询。参与学校改革和发展重大课题（项目）的调研和论证，为学校重大政策的出台提供预案或建议。其二，学术研究。定期举行学术沙龙活动，定期开展专项调研工作，指导并参与开展专项课题研究，提升教师科研实力。其三，学术指导。对提高课堂教学质量提供建设性的意见，能深入课堂听课，对提高中青年教师学术水平，给予指导和帮助，指导帮助中青年教师上好汇报课、研究课等；同时，对名教师的培养提出建议方案，提升教师的教育教学能力。其四，学术评估。参与教师学术水平评定的有关工作，诸如学期末的论文评选、基本功大赛等。对教师的教育、教学、教研水平提出评价。对新进教师进行综合评价，提出参考意见。审议精品课程建设、教材建设、师资队伍建设方案，承担学校专业技术人员职称评定和岗位定级等工作。其五，学术交流。每学期要面向全校或本教研究组人员进行一至两次的学术交流活动，可就优秀教育教学思想、教育教学案例引导青年教师展开讨论。积极组织参加国内和国际学术活动，加强和国内外学术团体、教育界同行的联系。其六，其他活动。按照学校安排，积极参加教案、作业检查及相关科室安排的有关活动。

2. 教职工代表大会

除上述专司教师专业发展的组织架构之外，学校实施的教职工代表大会制度（简称"教代会"），也为教师专业共同体建设提供了重要的组织保障。传统的集权式管理容易造成管理者与被管理者间的对立，教师们对于组织制度没有决策参与权，只能被动遵守，这为制度执行带来隐性阻力，容易涣散组织凝聚力，对专业共同体的建设产生负面影响。经验表明，由被管理者主动参与制定出的规则更具公平性与合理性，也更容易得到贯彻。这也是为什么在西方的大中小学中，普遍存在着在新学期开始由学生们共同制定课堂规则的做法。许多成功的企业管理案例中，对于公司重大事物也采取倾听员工声音的民主办法。在教育领域，我国《教师法》第七条明确主张教师对学校教育教学和管理工作提出意见和建议的权利，倡导教师"通过教职工代表大会或者其他形式参与学校的民主管理"。

因此，进才中学北校实行教职工代表大会制度，由教职工推选出的代表参加代表会议，共同行使教师参与学校民主决策、民主管理和民主监督的权利。学校的各项规章制度，也是教师专业共同体的规章制度，与每一位教师息息相关。这些规章制度的产生过程充分民主，校长无权专断，而是平等地、促进性地参与，邀请教师参与决策过程，一起分享领导权和权威。各项提案经教师代表大会讨论、审议后通过，成为学校章程的一部分。经此过程产生的共同体规则，是全体教师集体意志的体现，对学校的每一位教职员工，包括学校领导层，都具有约束力，成为教师专业共同体的制度保障。

二、制度保障

1. 有"法"可依

没有规矩，无以成方圆。任何一个组织的有序运行，都离不开规章制度的约束。在多年来的教师专业共同体培育过程中，进才中学北校积累了不少经验。针对具体问题情境制定的零星规则先是潜移默化地化为大家默认的共识，久之，形成成熟的系列，便经过教代会程序正式确立为共同体的规章。过去十多年来，进才中学北校围绕教职工行为和道德、业绩考核与奖惩、个人和集体评优等诸多方面制定了许多条例规约和方案办法，为许多原本抽象的管理工作提供了具体量化的参考标准，也为教师们的自我约束和提升提供了可视化的行动指南。现将与教师专业共同体息息相关的规章制度分类列举如下：

《进才中学北校教职工文明礼仪 20 条》

《上海市进才中学北校文明组室评比条例》

《上海市进才中学北校优秀教研组（备课组）评比条例》

《进才中学北校教师专业发展规划》

《进才中学北校教师校本培训计划》

《进才中学北校教师发展与评价制度》

《进才中学北校绩效考核办法》

《进才中学北校教职工学期（年度）业务考核评价量规》

《进才中学北校特色教师、区骨干教师、区学科带头人考核量化表》

《上海市进才中学北校社会责任感评价量规》

《进才中学北校特色教师、区骨干教师、区学科带头人考评指标》

《上海市进才中学北校教职工聘用方案》

《上海市进才中学北校教职工奖励方案》

《上海市进才中学北校特色教师评聘办法》

《上海市进才中学北校教代会提案工作小组关于提案工作的若干意见》

以上各类制度规约为共同体的有序运行提供了基本保障。有两点需要说明：

首先，"制度"是一种规约，给人以生硬、强硬或强制之感，似乎总是令人畏惧或抵触。为避免这样的负面情绪，进才中学北校教师共同体在制度化的过程中始终注意以人为本，既注重集体规范，又给以个性化的自由空间，呈现"和而不同"的文化特质，即便是规范本身也非因为不信任而管束，而是在信任、尊重教师自主性的前提下，适度发挥组织的协调功能，促进共同体教师间的和谐交互与互助共进。

其次，这些文件看似枯燥无情，实则是来源于实践，用以规范实践。教师们无须在每一步行动前都比照条文，因而被束手束脚，而只是在有疑问的时候按需查阅现成的"行动指南"。条文是高度抽象的，其指导的却是有血有肉的实践活动。教师们在纲领性文件的引领下，可以探索更为具体的各种共同体内部的制度或制度化活动。以《优秀教研组（备课组）评比条例》为例，学校层面的制度仅列出优秀的标杆（细则条件），并不会规定教研组和备课组的具体做法，这是"目标"与"途径"的关系。然而，在探索的过程中，会逐步形成一些有效的方法途径，久而久之成为一些不成文的习惯做法，实现了共同体活动流程的制度化，具体如下：

一体化研课制度：将"教材研读、教学设计、作业设计、课堂观察、课堂教学"等一体化，做到教材研读（悉心研读，吃透重点，把握共性，读出个性），教学设计（潜心研备，心中有标，目中有人，设计精当），作业设计（精心设计，规范批改，减负增效，保本提优），课堂教学（目标明，思路清，方法活，效果好），课堂观察与反思（用心选择，深入反思，科学评议，一课一得）。

公开课制度：每位老师每学期至少上一节公开课，五级梯队教师上好示范课。备课组内推行同课异构活动，发挥集体智慧和力量，共同研究、解决课堂存在的问题；教研组内进行专题研讨，强化听评课，开展课堂观察，提高课堂教学诊断的客观性和针对性；骨干教师示范课，主题引路，引领青年教师进行教学研究。每类公开课做到教材研读、教学设计、教学反思、教学评议四齐全。

随堂听课制度：成立由学科带头人、骨干教师组成的观课议课组，采取随堂听课或隔天预约等形式对常态课进行调研，及时发现优秀做法和存在问题，确保课堂效益落到实处。

教研组考核制度：每月进行考核，每学期汇报交流。考核内容为学习、公开课、课程建设、资源建设、调研情况以及教师的活动参与情况等。

以上制度化的做法因为涉及非常具体的实践内容，而未必会形成学校层面的正式制度文件，但也是共同体制度保障不可缺少的组成部分，只是指导意义大于约束意义。因为它们的产生是教师自主探索的结果，执行阻力相对较少；从另外一个角度来说，教师们总是有较多的自主空间根据现实需要调整行动方案。与此类制度化活动流程相对，一些明确成文的上升到全校共同体层面的行为规范和奖惩制度则具有更高的刚性，有赖于"有法必依"的严格执行来确保其效力，否则将流于形式，成为一纸空文。

2.有"法"必依

制度完备，不代表组织运行可以高枕无忧。中国人的人情、面子与和谐文化，常常成为制度执行的一大障碍。大家共事多年，有人犯了错，难免抹不开面子，不忍心"动真格"，若再有人为之求情，又要"不看僧面看佛面"。殊不知，在组织和团队管理中，有法不依比无法可依更糟糕。有了完善的共同体制度，还要坚决予以贯彻执行，才能保障共同体的健康发展。因此，进才中学北校教师专业共同体的总掌舵人（即校长）明确表示，如有个别教师出现异常行为、影响团队发展时，就要严格按照制度进行严厉警告与处罚，决不能不了了之。校长作为一校之主，尽管在许多重要事务上有决定性的权利，但在教师专业共同体的培育管理过程中，仅仅是制度制定的参与者或制度执行的捍卫者，其个人无权私自对已通过的规章制度做任何更改，也不得凭借校长权利对共同体任何成员的违章行为网开一面或从轻处罚。从以下两个案例中，进才中学北校教师专业共同体在制度执行上的刚性可见一斑。

第一个案例涉及优秀教研组和备课组的评选。进才中学北校的综合成绩在全区的120所初中里基本稳定在五至八名。结合这一实际情况，学校将优秀教研组的考核标准设定为各科平均成绩要进入全区前十名，每一个学科进入前十二名。有一年，有一个学科未进入前十二名。虽然不影响学校的整体排名，但是按照规定，该学科有关教师所在的优秀科研组和优秀备课组全部一票否决。对此决定，教师们一度震惊，难以置信、难以接受。但学校坚决执行已有规定，并不允许任何人前来求情，任何求情的人员将连带处罚，任何一级的领导干部求情，则将被请离干部队伍。

另一个案例是有两位教师发生了矛盾，最初是口角，最后发展为肢体冲突。校长明确表示，根据教代会通过的教师专业共同体规章，两人所在的文明班组一票否决。两位老师都具有很强的集体荣誉感，虽然对个人发展和声誉不甚重视，但因为拖了团队的后腿而十分汗颜。团队的其他成员初遇这种情况时也表示委屈，认为自己未有不当行为，不应当连带受到处罚。但有制度在先，所有人都举手通过了表决，表明自己支持有关规定。

经过一些类似的案例，教师们最终意识到共同体的规定不是儿戏，学校对于有关规定的执行是严肃的、刚性的。这种严厉、刚性的制度执行机制，取得了良好的效果。由于感受到共同体强大的约束力量，教师们更加注重自己的个人行为。从此，一旦某一科目、某一班级出现任何负面的异常情况，无须校长或其他领导给出任何指示，该学科的高级教师、骨干教师便会主动进有关课堂听课，帮助学科组的有关教师反复查找问题，为其提供建议与指导，直至解决问题。每年初二升初三，有关负责人会将新老两届初三老师们集中在一起进行交流研讨，交接一些重要的资料，将好的教学传统代代相传。

须指出的是，共同体制度的制定与执行，均着眼于与教学和学校管理密切相关的原则性问题，并非大事小事一把抓。教师们作为社会人，每个人都是独立的个体，个人观念与习惯的不合在所难免，只要个人行为或人际摩擦不涉及原则性问题，不影响团队建设与教师个人的专业发展，学校均不予干涉。

第五章

教师专业共同体建设思想在区域教育的辐射和影响

上海市进才中学北校在教师专业共同体建设方面的成效，不仅实现了校内教师的有效整合，也促进了区域教师的专业成长，推广了区域教育教学成果。目前，进才中学北校正在发展成为促进区域教师专业发展的中坚力量。

第一节　教育集团层面教师专业共同体的建设成效
——以进才东校为例

2015 年 9 月，上海市进才教育集团正式成立，成为浦东新区体量最大的教育集团之一，包含 14 所学校和 2 个街道。进才教育集团的成立是浦东新区探索集团化办学的重要举措。"集团化办学最初出现在 20 世纪 90 年代，是一种以契约为纽带构建的大规模多层次组织形态，是通过优势互补或以强带弱，推进教育资源优质均衡发展的办学模式。从形式上看通常是以名校为龙头，依据共同的办学理念和章程组建学校共同体，整合学校的教育资源，在学校规划、日常管理、课程建设、教师发展、设施使用等诸多方面实现共享、互通、合作，旨在最终实现共同体内优质教育资源品牌的辐射推广与合成再造"[1]。可见，集团化办学并非教育同质化，而是重在互通有无的校际合作和优质资源共享。

---

[1] 集团化办学背后的政府推力：四地集团化办学经验启示 [EB/OL].（2018-05-22）[2018-5-29]. http://edu.cssn.cn/jyx/jyx_jyqy/201805/t20180522_4275389.html.

本着这样的精神，进才教育集团自成立以来，通过衔接课程建设、师资柔性流动等途径，积极探索"小、初、高"学生一体化培养模式，促使成员单位学校在保持各校特色的情况下获得共同发展。

进才中学北校积极参与教育集团层面的教师发展，在集团教师共同体中发挥重要角色。作为浦东新区见习教师基地学校，进才中学北校也承担了教育集团内的新教师培训任务，每年集团内两所学校的新教师培训都会安排在该校进行。为此，学校组建了一支师德高尚、业务精湛、敬业爱生的见习教师导师团队，20位带教老师中，学科带头人3位、区级骨干12位、校特色教师3位，教研组长、备课组长、年级组长10位，集中了学校8门学科的生力军和一批经验丰富、带班出色的班主任老师。带教团队经过见习教师多年的培训经验积累，逐步打造出详尽完备的《基地学校见习教师规范化培训方案》，包含浸润式培训、团队带教、文化熏陶等多种培训形式，致力于帮助新教师提高师德修养以及教学、德育工作、科研等综合能力，最终培养教师们自主追求专业发展的意识、意愿。

此外，进才中学北校还参与了多所集团成员学校间的教师柔性流动项目，开展教师柔性流动方式方法研究（如带教、短期交流、培训、挂职等）；与11所成员学校密切合作，领衔开展高中与初中衔接课程建设和共享研究；积极参与由其他成员学校牵头的初中特色课程建设和共享、初中与小学衔接课程建设和共享、小升初面试方法内容研究、初中升高中自主招生方法内容研究等项目；积极组织和参与集团教师共同体的专业发展、团队建设和文娱活动，如教师专业发展主题报告、论坛、沙龙、工作坊、教师达人秀、教学比赛，集体参观、文体联谊等。在如此教育集团层面教师专业共同体的建设之下，进才东校建设成效颇大。

一、进才东校概况

2016年创办的进才东校坐落于浦东祝桥，学校的创立是上海市、浦东新区政府推进义务教育均衡化、优质化发展的重要举措，是进才教育集团发挥品牌辐射作用的重要载体。进才中学东校占地 50 亩，建筑面积 15794 平方米，是一所公办初中学校。学校以"进才感恩"情怀为基础，营造充满人文素养的和谐校园，培养理性思考、忠于实践的教师团队，促进学生的理性思维，助力学生各方面成长，培养懂得感恩、善于思考、乐观健康、全面发展的谦谦君子、大家闺秀。同时学校依托进才教育集团优势，借力祝桥航空城发展之势，着力打造老百姓身边满意的"进才品牌"学校。

二、共同体建设的实施过程

1. 传承进才文化，提升师德修养

作为进才集团的一员，学校极其重视进才精神的传承。每位见习教师到校岗前培训的"第一课"便是"进才文化"：叶进财先生捐资办学的历史，让进才的"感恩"情怀代代相传；"尊师重道，爱众亲仁"的校训，让每一个进才人有了"为师""为范"的追求；"谦谦君子，大家闺秀"的育人目标，让每一个进才人有了共同的奋斗方向。通过这样别具意义的"第一课"，每一个见习教师都会把进才精神内化为自身的情怀，促感悟、增修养、共传承，帮助见习教师更快、更好地完成由学生到教师的身份转换，不断提高自己的师德素养。加强文化熏陶，在集中培训活动中，以师德教育为培训切入口，以学校文化、教研文化为引领，组织见习教师学习了解学校历史及优秀教师的事迹，并带领见习教师参与本校的重大教育活动，如学校的科技节、体育节、读书节、艺术节，让见习教师全方位观察感受体验学校在办学理念、办学方法、办学措施、办学成效等方面的做法与经验，加速适应教师角色，尽快胜任教育教学工作。

2. 增进集团互动，拓宽共育平台

为解决新教师入职后碰到的共性问题，学校通过讲座形式予以集中辅导解答，这样既可以确保见习教师公平地获取相关信息，提高培训效率，解决见习教师入职当务之急碰到的问题，以及对他们未来发展的预期和引领。我校借助集团优势，多次邀请进才中学的教育教学专家（进才中学首任校长袁小明、进才中学特级教师王绪岩等）来校进行教师专业成长的讲座；邀请进才中学北校的学科名师来校分享各学科的教学经验。同时，见习教师也多次去进才中学北校听课，实地感受进才中学北校老师的教学风采；集团中的各类论坛、进才中学、进才中学国际部的新年迎新等活动，见习教师们也都在积极参与的过程中感受着集团的魅力。

借助进才集团优势，聘请赵才欣老师、曹刚老师、华师大杨向东教授、上师大陈建华教授、数学特级穆晓炯老师、英语特级施志红老师等多位市级专家莅临指导，大大拓宽了教师们的视野，也搭建了更广阔的发展平台。

3. 基地浸润学习，学校实践反思

进入基地学校，我校每一个见习教师都抱着学习的心态，多听多看，主动向带教导师请教，潜心沉浸于基地学校的学习，以海绵吸水的姿态汲取着优秀的思想和理念。在两天的基地学校浸润式学习之后，回到聘任学校，见习教师们会努力把所学到的理念转化为自己的实践，之后在一次次的磨炼中逐步形成自己的教学思路和教学风格。学校也给见习教师们搭建了多方展示的舞台：举办"进才东校青年教师教学基本功大赛"，从教学设计、板书设计、课件制作、硬笔书法等方面锻炼见习教师的综合能力；承办区级公开课活动，朱琪和张子豪两位老师作为见习教师已经完成了区级公开课的展示，其他见习教师后期也会陆续在区级舞台上展示他们的风采。

三、目前的成果与思考

1. 以"核心素养"为方向，共塑"进东"学校文化与共同价值追求

随着教师队伍不断壮大，生源趋于稳定，学校各项工作有序推进，作为新学校，秉承进才精神与校训，凝聚人心，构建学校核心价值观与主流文化，成为校园文化主旋律之一。

课程建设方面，在新中考改革目标下，全校教师认真学习，明确目标，不断完善充实进才东校课程体系，开足开齐基础课程、完善拓展探究课程，校风、

教学、学风建设初见成效，各项常规工作显常态、见长效。各科教学质量稳步提升，通过所有教师的共同努力，站稳了脚跟，取得了家长和社会的认可，为新学校未来发展奠定了良好的基础。作为一所新学校，教育教学质量是所有人共同关注的焦点，过去一年中，学校始终坚持秉承进才育人理念，坚持素质教育，以学生发展为本，紧紧围绕培养懂得感恩、善于思考、乐观健康、全面发展的"谦谦君子、大家闺秀"的育人目标，充分挖掘现有师资潜力，初步构架了符合进才东校特点的课程体系：含人文与社会、数学与科学、生活与实践、艺术与体育四大板块的基础型课程，旨在促进学生全面发展。基础型课程关注落实教学基本环节，严格执行教学六认真，从备课、教研、作业、测试等多方面严控质量，每两周一次备课组长例会，不断调整教育教学策略，关注有效性、针对性。

在拓展与探究课程的实施过程中，学校坚持办学理念，不断丰富学生兴趣选择，充分拓展校外资源，引入前国脚孙吉创办的冠博足球俱乐部等多家专业机构，加入学生社团指导，丰富孩子们的课余生活。依托上海航宇科普中心资源，与上海交大航空航天学院合作，开设航空类选修课程，每周一次交大教师到校为孩子们上课，为学校未来打造航空特色课程奠定良好的基础。

根据学校育人目标，在各学科教研组、备课组大力支持下，学校还开展了丰富多彩的校园文化活动，春季趣味团队运动会、秋季田径运动会、足球羽毛球乒乓球比赛、经典诵读、春日诗会、秋实歌会、政训教育、首届英语文化节、周年庆展示活动、启航2017迎新等活动深受学生喜爱。走出校门，参观进才，聆听名人名家讲座；来到航宇中心，感受航空美丽；进才优秀学子参与的别开生面的开学典礼、进才创新实验讲座、凌空讲坛等活动成为校园生活中的亮点。中国空军首席试飞员徐勇凌大校莅临东校讲座，活动辐射祝桥学区，获得良好的社会效应。而学生自主管理与教育的开展也为上述各项活动有序进行奠定了良好的基础。

此外，学校还新增进东奖学金政策，两位进才毕业生捐资成立进才东校奖学金，分设思源、博雅、凌空三大奖项，传承进才感恩故事，激励新进东人不断奋进。同时开拓了国际视野教育的新篇章，师生走出去拓展视野，教育代表团走进来增进国际交流与了解，为学校发展打开了一扇新的窗户，为师生开阔眼界、增进国际交流搭建了新的平台。

2. 以"目标引领专业发展"为宗旨，搭建教师专业成长舞台

教师发展是学校发展的第一要务。随着教师队伍不断扩充，教师专业发展成为了当下乃至未来几年学校的重要工作。学校每年工作主要围绕专家引领、搭建平台、校内激励等多个角度进行推进。校内教研重点围绕完成四个"统一"，四个"一次"开展工作，即每课统一进度、统一备课、统一作业、统一检测；每月一次融入、一次参与、一次研讨、一次展示；每周定时备课组、教研组活动，公开课展示课进入行事历，在全体教师共同支持与配合下，校内同伴互助氛围渐浓。同时，学校积极搭建平台，承担浦东新区语文、数学教研展示活动，学科教研员多次走入常规课堂，为教师专业发展助力。学校还鼎力支持教师外出学习，参与市区各级层面交流活动。与文汇新民集团合作，学生参与实践活动、心理团队专家张新老师开展拓展培训。新教师融入进才第一课培训体系已相对成熟。

依托进才集团优势资源，进才高中蒋金珍、王绪岩等特级教师先后来到进才东校为老师们进行专业发展讲座，参与市特级校长协会方培君老师专题讲座；金卫东特级校长为老师们开设"聚焦核心素养，提升教师专业水平"报告；上海市教研室主任赵才昕老师、上海市第三期初任校长培训班专家组、英语特级施志红老师等来到东校共同探讨教育中的收获与问题；以进才中学北校、南汇二中为基地，开展见习教师培训工作，见习教师成长迅速。学校相关工作在今年浦东新区第十届教学展示周上予以介绍、推广，获得一致好评。新校开办以来，青年教师发展态势良好，部分优秀个人已经在区级层面有一定成绩。

此外，围绕新中考改革，促进教师专业思考与发展，区级课题《新中考改革背景下校本作业体系的构建》正式立项，聚焦教育教学一线难点，促进教师专业思考，完善学生作业体系，实现"减负增效"目标。同时，教师发展处结合制定了教师队伍发展规划、完善校本研修计划，做好教师培训工作，重点关注进东教师的四大基本素养：理想信念、学科素养、专业能力、敬业精神，全

方位提升教师综合竞争力。

3. 以"航空科技教育"为载体，打造学校特色发展亮点

创办学校以来，通过努力，在全校师生的大力支持配合下，学校的航空特色初具规模。从点—线—面三个维度，全面推进学校特色创建。

基于核心素养指向的教育目标，以及学校"科艺交融、人文固本"课程理念，综合祝桥打造五型城市"航空城"的区域发展目标，努力打造学校科技教育亮点。同时围绕四条主线，即特色课程、前沿科技进课堂，凌空讲坛、名人名家近接触，魅力校园、航空元素展风采，走近未来、综合实践铸梦想聚焦特色创建。今年，特色建设工作初见成效，相关工作推进顺利，学生在上海市和全国青少年无人机比赛中均获得优异成绩，为学校增光添彩，为浦东赢得荣誉。以无人机创客为载体的创新实验室获得综合评价优秀的好成绩，在浦东新区予以推广。虽然学校创办航空特色时间并不长，但老师们能秉承进才精神，以不一般的思考，不一般的努力去争取不一般的结果，全面推进特色育人工作，让更多的孩子享受均衡优质的教育资源，也让周围更多的居民感受到作为航空城一员的幸福感和归属感。

目前，学校获得的称号有：

全国航空特色学校

上海市依法治校示范校

上海市安全文明校园

上海市航空特色学校

浦东新区科技特色学校

浦东新区戏曲文化教育传承基地

浦东新区语言文字规范化示范校

浦东新区见习教师规范化考核优秀

浦东新区青年文明号

第二节　强校工程层面教师专业共同体的建设成效
——以育民中学和新陆中学为例

"办好每一所学校、成就每一名教师、教好每一位学生"是上海基础教育始终坚持的发展理念。2018 年 7 月，为适应基础教育改革的新要求和市民对优质初中教育的新期待，上海实施了百所公办初中强校工程，发布了《关于实施百所公办初中强校工程的意见》，确定了上海市百所公办初中强校工程实验校名单，育民中学和新陆中学就是其中的两所，而进才中学北校正是他们的对口支援校。

一、育民中学和新陆中学概况

1. 育民中学

上海市育民中学地处浦东新区高桥古镇，是一所拥有 70 多年历史的普通完中。1947 年，施燮华先生在高桥镇西浜头创办"私立四维中学"，新中国成立前夕学校迁址于原上海十大私家花园之一的"承园"。1951 年，学校改名为"私立育民中学"。1952 年，由市教育局接管改公立学校，定名为"上海市育民初级中学"。1958 年，原位于南市区的蓬莱中学的高中部并入，育民初级中学遂发展成为一所完全中学，改为现名"上海市育民中学"。连续八年被评为浦东新区文明单位，同时获得全国科普教育基地、全国海洋总局科普教育基地、上海市拥军模范单位、上海市行为规范示范校、上海市安全文明校园、上海市心理健康教育达标校、浦东新区法治教育示范校、浦东新区绿色学校等多项荣誉称号。学校建筑为明清风格，校园古朴优雅，古树名木葱郁，浦东十大私人花园之一的承园就坐落于此。全校占地面积 18401 平方米，建筑面积 10875.24 平方米，体育场地总面积为 4910 平方米，绿化面积 4211 平方米，图书 61874 册。学校办学特色鲜明，社会声誉良好。学校内建有"上海市育民中学蓝鸿铭海洋鱼类标本馆"——这是上海市普教系统唯一一所被命名为"全国科普教育基地"的标本馆。利用"海洋鱼类标本馆"对学生进行海洋知识教育，宣传环保理念，同时提升其爱国情操，增强其社会责任感和使命感，已成为学校鲜明的办学特色之一。此外，学校艺术特色工作之学生朗诵社团多次在全国、市、区各级比赛中获奖，去年曾代表上海市参加全国曹灿杯朗诵大赛获全国银奖。同时，学校体育特色武术、乒乓两大项目也正蓬勃兴起。

2. 新陆中学

上海市新陆中学创建于 1958 年，开始为初中，70—80 年代初发展为完中，现位于金桥开发区中心。如今的新陆中学，校园面貌焕然一新。学校拥有一流的多媒体教室、现代化的远程教室、语音室、计算机房、琴房、舞蹈房、图书馆阅览室、阶梯教室和体育馆，环境幽雅安静。在硬件得到改造的同时，师资力量得到了较大的提升，为学校的发展奠定了良好的基础。2019 年 7 月，学校正式关停，与上海市高行中学合并。

二、共同体建设的实施过程

1. 育民中学教师专业共同体建设的实施过程

（1）进行强校规划

2019 年 2 月，育民中学制定了强校规划，规划针对学校的基本情况，对于学校办学成效和优势、目前发展面临的困境和问题做了深刻的剖析。例如：管理需要增进制度化、精细化、教师专业发展内驱力需要显性增强、课程教材开发和实施能力需要提高、科技特色需要突破发展瓶颈、学校硬件严重不达标、生源质量不高，本地生流失率较大、初高中发展不平衡、初中教育质量不理想。规划在"主动发展"的理念下，实行师生主动发展教育，全面强化师生的主体性和能动性，促进师生主动发展，全面实施素质教育。通过三年努力，力争使学校教育教学状态明显上升，学校管理更趋科学化、精细化，办学特色初步彰显，课程建设能力得到提高，师生主动发展意识和能力不断增强，办学质量和家长满意度均有一定提升，校园环境面貌也较大改善，成为家门口的好学校。

依托市"双名"等各级培养机制和平台，分类分层，推进教师的专业发展。市级专家曹晶、印兰、何亚男及区级专家张娜、季靖和童廉宁亲临学校进行全方位的指导，学校领导与全体教师虚心向专家们学习。目前为止已有市区 10 多位专家就"强校工程"做蹲点调研指导。如何亚男老师、印兰老师、姚霞老师、季靖老师等走进班级随堂听课，面对面地和老师们就如何钻研教材、提高课堂教学质量，如何教给学生学习路径、培养学习方式等与我校各年级的备课组长和老师进行交流，使老师们开阔视野，吸取宝贵的经验。

进才中学北校作为育民中学的支援校，自结对以来，与育民中学定期开展交流学习活动，无论是从学校管理还是部门条线的工作落实，都交流颇多。2月初学校各部门负责人就培训内容和自身负责工作撰写学习体会，规划本部门新学期工作计划，将进才中学北校先进的管理经验和具体举措结合学校自身特点逐步推进。同时借助微信管理群，将工作中遇到的困难和收获及时与进才中学北校的同仁交流反馈，及时改进自身的工作。

在团队管理方面，育民中学加强管理队伍建设，强化干部的师德、师能。组织全体行政干部参加教育集团干部培训、学校校本培训以及区层面干训等，成立了以进才中学北校金卫东校长领衔的育民中学强校实验校的校级中层领导班子。建立了"强校工程"结对学校管理学习会的议事制度，每月与结对学校进行学校管理学习，提升行政干部的领导力和执行力。如表 5-1。

表 5-1　"强校工程"结对学校管理学习会记录

时间	地点	内容
2018 年 12 月 26 日	进才中学北校	《未来学校的华为思考》
2019 年 1 月 24 日	育民中学	两校交流管理经验
2019 年 2 月 17 日	进才中学北校	金卫东校长《学校管理的文化自觉与干部工作的实践智慧》的报告、赵才欣主任《强校工程功在基础》报告

学校坚持依法办学，强化内部管理。以《学校新四年发展计划》为本，进一步规范、细化内部管理，坚持校长负责制，坚持依法治校、科学管理，着力抓好精神文明建设。学校管理岗位的职责明晰，通过校务会议、行政会议及其他专项会议民主议事，梳理和完善各项管理制度，如干部培养选拔制度、骨干考核制度、人事考勤制度等等，管理执行到位。

（2）进行教学改革

加强教学常规管理，落实备课、上课、作业、辅导、评价五环节的检查和指导。学校先后制定了《育民中学教学五个环节管理规定》《育民中学作业布置与批改要求》等制度，要求教师注重备课的针对性、授课的实效性、作业批改的有效性、个别辅导的层次性和评价的激励性。每学期开学进行二周教师备课检查，要求 40 周岁以下及部编新教材教师手写详案，其余教师可以手写简案。开学两周组织学校行政班子成员、骨干教师、教研组长和年级组长实施对各年级教学课堂调研，由相关教研组长对上课教师进行反馈，从而提升课堂教学有效性。期中对相关学科作业布置及批阅情况进行抽查，展示一批批改认真、优秀的作业本，供广大教师学习。

加强课堂教学研究，提高 40 分钟教学效率。每学期举办骨干展示课、青年教师汇报课等，本学期将选派优秀青年教师参加支援校集团举行的"五四教学评比活动"，强化互动交流。同时结合微课开发与实践研究，逐步激发学生自主学习的动力和能力。通过教研组评课，对课堂教学中的问题进行探讨，逐步形成良好的教研氛围。

加强校本培训，促进教师专业发展，努力打造一支具有较强自主发展意愿和能力、有主动探索课堂教学改革精神、有团队合作精神的教师队伍。学校修缮和制定教师专业发展相关制度和细则，完善推进教师专业发展考核机制，制定了《上海市育民中学校本研修考核奖励方案》，初步形成教师主动发展态势，如为老师们带来《提升教师素养·关注学生成长》《教师的人文素养》《基于变革的学校发展》等一系列讲座，为不断提升我校教师专业素养，助力每位教师的专业成长，打造优质教师队伍，提高我校教育教学质量奠定基础。

此外，借助市、区"十三五"基础教育教师培训，拓宽教师视野，提升教师专业素养。

（3）更改资源配置

学校有一支结构合理、素养较高的教师队伍。初中现有专任教师91人。高级教师12人，一级教师46人，中高级教师占教师总数的比例为63.7％。学校35岁以下教师、36—50岁教师、50岁以上教师的比例分别为27.5％、54.9％、17.6％。专任教师学历达标率为100％。但也存在一定的问题，如学校部分教师的专业发展进入了瓶颈期，表现为部分教师主动发展意识不强，缺乏积极进取、实现自身跨越发展的意识和行为；个别教职工职业倦怠症状较为严重，岗位奉献精神不强，教育教学成效不佳；学科骨干教师的领军作用没有充分发挥，示范辐射功能没有凸显；教研组、备课组教学研究氛围、团队合作氛围不够浓郁等。为改变这些不足，学校先后制定了《上海市育民中学区、校级骨干教师考核奖励办法》和《上海市育民中学区、校级骨干教师2018学年考核实施细则》，鼓励教师积极申报区学科带头人和骨干教师。现初中教师中有区学科带头人1名，区骨干教师10名，区学科中心组成员2人。推荐娄璟、董素红两位老师参加英语教师ICELT高端培训。

开展为期五年的青年教师培养工程。每位青年教师制定三年发展规划，助力青年教师成长。不断鼓励教师积极参加高一级学历的学习，以及开展职称晋升的准备。2018学年第一学期开展的主要工作有"进博先锋活动"、6场专家讲座、13节青年教师录播课、3节见习教师汇报课、教学基本功——三笔字比赛、荐书读书活动以及青年团建活动。组织金磊、林逸云参加"新苗杯"教学比赛；张思怡参加"教学基本功"跟踪考评。加强对曹亦汝、郭晨、宗时杰三位见习教师的入职培训，通过一年的见习与"传帮带"活动，使他们尽早适应教师岗位；推荐优秀青年教师外出培训，提升他们的教育教学能力。

对照上级文件中资源配置标准，我校办学硬件设施明显不足。学校空间狭小，人均占有教育资源明显不足（生均占地面积7.3平方米）；教室面积过小、数量不足；创新实验室、科技教育与艺术教育的场地缺乏，给各种拓展性、研究性学习带来相当困难；学校没有室内体育馆，室外运动场地较小，对阳光体育的开展造成影响。现有场地和设施设备的不足已严重制约学校发展。

为此学校一方面积极争取上级支持，达到改扩建的目标，另一方面在"强校工程"的背景下，不断完善和更新教育教学和办公设施设备，为学校教育教学改革的持续发展提供硬件保障和经费支持，进一步提升管理服务质量，充分彰显明清建筑、江南园林的校园特色。

（4）开展特色发展

2019年，学校力争申报区级重点课题《基于积极心理学原理的学生主动发展的实践与研究》，以课题为抓手，引领强校工程各项工作，激发教师乐学善研，主动发现问题、解决问题的潜能，从而全面提升教师的科研能力和科研素养。

拟以三年左右时间，完成八项内容——课题内涵、文献综述、现状调查、基于积极心理学原理的学校主动发展的内容、实施途径、策略、方法和评价体系的研究。总课题将下设若干子课题，涉及学校教学、德育、教师发展等各部门、多领域，以研促校。课题研究过程中将聘请科研专家、强校结对指导专家全方位指导，对课题设计、立题论证、开题、课题实施、课题总结等全程进行指导，确保课题研究有序、规范、有效实施，提升课题研究成果质量。

现已开展和确立《基于积极心理学原理的学生主动发展的实践与研究》为强校工程实验项目，将于4月申报区级课题，力争立项成功；成立课题组，分工准备，召开课题开题会；邀请专家作课题研究系列辅导讲座，争取50%左右教师参与课题研究。

2. 新陆中学教师专业共同体建设的实施过程

（1）"升格"教师专业发展的实践与研究

一流的教育需要有一流的青年教师队伍。青年教师是实施素质教育，推进教育现代化的生力军，是未来教育改革与发展的希望。35 岁以下青年教师的专业发展是学校教师队伍发展的重中之重，对于促进学校的内涵发展与可持续发展，满足社会不断增长的对学校优质教育的需求，提升学校教育教学水平有着重大的意义。如何适应新形势，加强对青年教师的培养，使他们尽快成长为思想水平高、业务能力强的骨干教师、优秀教师？包括新陆中学和进才中学北校在内的浦东新区层面跨教育署的五校联合体不约而同地想到了这个问题，并把它作为联合体的结对工作主题，通过五校之间的互动，共同推动、促进学校教师团队尤其是"升格"教师的建设和专业发展。而所谓"升格"教师，即指工作满 5 年以上的成熟教师，在个人自愿报名、学科组推荐基础上确定学科重点培养对象，定期聘请市区学科专家进行带教辅导，以 2 年为培养期，在专家辅导下，确定自己的研究点，每一学期开一节公开课，两年内完成一篇关于研究点的论文或案例。同时创造条件让他们走出区外、市外参加教学展示观摩、研讨培训。

从 2013 年 1 月开始，五校联合体的校长集中在进才中学北校，共同确定了结对工作的主题，并制订了五校联合体活动计划、实施方案以及具体活动安排，并确定了观摩进才中学北校"五四"青年教学设计与课堂教学比赛活动事项。

其中，进才中学北校负责每月一次的四个学科的校外专家对各校升格教师的定期培养、五四青年教学设计和教学比赛、观课评课专家辅导、观课评课比赛的前期准备工作、骨干教师公开课的展示安排、接待等。而新陆中学开展了区、署、校青年骨干教师教学展示活动，共有 11 位教师执教公开，探究以学生为本、有效地渗透良好学习行为习惯的培养。活动邀请了第二教育署"五校联合体"兄弟学校老师指导和交流，取得了较好的效果。在专家的指导下，语文、英语学科进行了专题评课研讨活动，组内老师和兄弟学校老师都积极参与讨论。承办了第二教育署"五校联合体"观课评课比赛，主题为"观察、研讨、借鉴、提升",这不仅是一个锻炼展示的平台,更是一次交流学习、相互激励、共同提高的机会。

丰富多彩的联合体活动包括专家引领以及观摩学习,语文、数学、英语、物理学科的专家对升格青年教师进行定期的指导,每位青年教师在分析自我优势和不足的基础上,确立自己的研究点,在专家的具体指导下,改进不足。联合体鼓励青年教师向备课组、教研组内老师学习,鼓励他们积极参加市区的培训和教研活动,在学习中不断找出差距,不断改进。组织青年教师观摩进北青年教师五四大奖赛、进北骨干教师展示课,提供青年教师学习提高的机会。通过整个活动,使青年教师了解课堂评价的标准,加深对听课重要性的认识,有利于在今后的教学实践中不断提高教学设计和教学评价水平。

(2)基于信息化素养与学科整合的实践研究

信息素养是终生学习者具有的特征:在信息化社会,一名高素质的教师应具有现代化的教育思想、教学观念,掌握现代化的教学方法和教学手段,熟练运用信息工具(网络、电脑)对信息资源进行有效的收集、组织、运用;通过网络与学生家长或监护人进行交流,在潜移默化的教育环境中培养学生的信息意识。这些素质的养成就要求教师不断地学习(终生学习),才能满足现代化教学的需要;信息素养成了终生学习的必备素质之一,如果教师没有良好的信息素养,就不能成为一名满足现代教学需要的高素质的教师。因此进才中学北校、罗山中学、新陆中学三校联合体通过三校之间的互动,共同推动、促进学校教师团队尤其是青年教师信息化素养的培育及与学科教学的整合,促进专业发展。

通过三校之间的互动、资源共享,从几个方面入手培养青年教师信息化素养与学科整合。首先,各校创设一个良好的信息技术环境,加大学校现代教育技术所需硬件设备的投资力度,为教师信息能力的培养提供物质基础;其次,加强教师的培训力度,如进才中学北校青年教师"英特尔未来教育培训班"的开设,同时鼓励各校教师自学;最后,在上海基础教育关注"课堂教学有效性"的提高的背景下,利用各校教育信息化条件,聚焦"课堂教学",着眼于信息化素养与课堂教学整合，开展"五四"青年教师教学设计比赛和"数字故事"评选等活动，促进三所学校教育信息化的内涵发展。

从 2014 年 1 月开始，三校联合体的校长集中在进才中学北校，共同确定了结对工作的主题，并制订了三校联合体活动计划、实施方案以及具体活动安排。

其中，进才中学北校组织青年教师，尤其是教工团的青年教师参加"潘裕翼"校长的"英特尔未了教育"培训，于每周五下午在电脑房进行集体授课，并在线"英特尔教师社区"学习以下板块，如"混合式学习""项目学习""合作学习"等板块，加快了青年教师教学理念的转变，拓展了青年教师的信息素养学习的时空，培养了青年教师的教育教学以及信息素养能力。每月一次的三个学科的校外专家则对本校升格教师进行定期培养：学习新的教育教学理论、现代教育技术，开拓青年教师的视野，不断提高他们的教育教学理论素养和运用现代教育技术的能力；不断更新青年教师的学科专业知识和教育教学专业知识，构建新的知识体系；进行课堂教学实践的指导，强化教学 6 环节的规范化管理，通过行动研究，不断提高升格教师的教学能力，促进教师的专业化发展；发现教学中的研究点，在专家的指导下进行教学研究，通过理论与实践相结合的方式撰写教学案例或论文。进才中学北校还举办了"社区开放日"活动暨进才中学北校特色教师教学展示活动，邀请兄弟学校的教师，特别是"三校联合体"的青年教师深入课堂，了解学校的高效课堂教学模式；参观校园文化建设；观看学生才艺展示；与特色教师的互动交流。大家对特色教师的课堂教学进行了评议，纷纷发表感受和评价，充分肯定了特色教师的课堂教学。

在此影响下，新陆中学开展了教学公开日暨教学法评优活动，共有 28 位教师执教公开课。期中 10 位教师参与教学展示，18 位青年教师参与教学法评优，主题为初中学生良好学习行为习惯养成教育的学科渗透实践研究。这些青年教师共同的优势在于教师个人的基本素养很好，备课充分，切合学生实情，重难点突出，结合信息技术与学科课堂教学整合，积极开展教学实践研究，教学水平提高很快。活动当天，光临新陆中学的领导、专家、教师和家长代表共有 74 名，其中"三校联合体"进才中学北校、罗山中学参与听评课教师最多，整个活动组织井然有序，受到区教发院专家、二署领导的一致好评，取得了较好的成效。

三、目前的成果与思考

1. 育民中学目前的成果与思考

在强校工程三年规划引领下，结合强校初态督导后学校的整改计划，育民中学全校上下统一思想、明确目标，从学校治理、课程教学、教师发展、特色项目、学业质量等方面不断加强，补短板增效益，各方面都取得了较大进步，教育教学生态呈现出良性上升的态势，主要表现在以下方面：

（1）强校规划下的成果

按照市级文件相关要求，目前，柴建荣校长顺利入选第四期"双名工程"攻关计划名校长后备；黄毅菁、赵倩、杨霞蓉三位老师加入第四期"双名工程"攻关计划名师后备。

进才中学北校作为育民中学的支援校，自结对以来，两校之间定期开展交流学习活动，从学校管理到学科教学、德育活动全方位给予指导。开展行政干部每月联合培训活动，暑期教师联合校本培训，五四青年教师教学联合比赛，家校活动观摩等，特别是今年9月份，两校开展了教师双向流动支教活动，进才中学北校派出英语骨干教师在育民中学支教并指导工作；同时育民中学也派出中青年教师万凤翠老师赴进北学习一年。此外，进才中学北校的施礼老师在育民中学的英语组开设微讲座、结对带教4名青年教师、指导教研组建设工作等，切实为育民中学的教师专业成长带来了帮助和指导，而通过这样的浸润式学习、互助，进一步加强了支援校的帮带力度。

育民中学实施强校工程以来，除了进才中学北校，还得到了各方助力，如何亚男老师、印兰老师多次来校组织教研组开展学科研讨活动；区教研员季靖老师更是经常性来校指导，听评课，就初中语文部编教材处理、命题等多主题开展教学研讨，他还给全体青年教师开设微讲座，并与青年语文教师金磊、曹亦汝结对带教，还指导两节语文区级公开课、并在育民中学进行展示。

在学校治理方面，根据初态督导意见，进一步修改完善了育民中学强校规划，并将分年度实施计划纳入学校学期工作计划，按序稳步推进强校各项工作。管理队伍建设得到进一步加强，提升了行政干部的领导力和执行力。组织全体行政干部参加教育集团干部培训、学校校本培训以及区层面干训等，建立了"强校工程"结对学校管理学习会的议事制度，每月到支援校进北进行学校管理学习，邀请区"强校工程"专家赵才欣老师来校给中层干部进行工作指导。此外，注重干部的层级梯队培养。

（2）教学改革下的成果

进一步规范和细化了教学常规管理，加强了教学五环节的过程性管理，梳理制定了"育民中学'精'备课要求"，开展了教研组全员学习研讨，实行教案手工书写，确保每份教学设计的独一无二。同时，广泛开展各类课堂调研及展示课活动：一是开学两周的地毯式课堂调研，每天由教导处随机安排5节推门课，一学年共49节；二是教学展示周活动，主要由区、校两级骨干、高级教师、教研组长等承担的优质示范课，一学年共开设28节；三是青年教师汇报课，每位35周岁以下青年教师每学年开设一节，共26节。通过三类展示课的听评课活动，不断加强课堂教学研究，围绕"主动发展"的课堂理念，开展"育民中学课堂教学评价指标"的研讨，逐步加强了教师间互助学习和深度教研的氛围。

在校本教研方面，加强了教研组建设，重视校本教研，组织架构得到完善。首先，新增了初中学段道德与法治、历史、化学、物理教研组助理，侧重分管初中教研工作；其次，积极鼓励教研组参加区各级联合教研活动和培训，同时校内加强教研组长业务培训，邀请支援校进北施礼老师进行教研组建设专题讲座；再次，结合新中考改革要求，各教研组以主题式教研为抓手，深入研究中考新政和新教材带来的新要求、新问题，推动了教研组教研深度教研质量。

（3）资源配置更改下的成果

学校教师专业结构日趋合理，初中现有专任教师91人，中高级教师占教师总数的比例为63.7%；区学科带头人1名，区骨干教师10名，区学科中心组成员1人；输送4名教师参加市级"双名"（名校长、名师后备）工程培训，4

名种子计划学员，以及区级骨干后备学员 1 名、工作坊学员 1 名、学科德育实训基地学员 1 名、英语 ICELT 高端培训学员 1 名。

借助市、区"十三五"基础教育教师培训，提升教师专业素养。继续加强校本研训，开展了"1+5"育德能力提升培训；每学期开学前组织全员校本培训，如 2019 年 2 月 18 日全体培训；8 月 28—31 日四天校本培训，其中 29 日全体教师赴支援校进才中学北校参加联合培训，聆听了三场讲座，开阔了眼界，拓宽了知识面，助力了教师专业成长。

另外，继续推进青年教师培养工程。一年里，有 8 位青年教师与市区教研员、名师结对师徒；安排市区专家及校骨干教师为全体青年教师作两周一次的微讲座（一学年已开设 13 次微讲座）；组织青年教师参加区教学大奖赛、进才集团五四青年教学大赛（共有 4 名教师获二等奖、5 名获三等奖）；参加区 2019 年论文评选 4 人获奖；开展校内青年教师录播课 26 节，教学基本功比赛（三笔字、读后感、发展规划评比）等，青年教师综合业务素养和能力得到了全面快速提升。

（4）发展特色下的成果

《基于积极心理学原理，促进中学生主动发展的实践研究》区级课题申报成功，并被列为区重点课题。此课题也是育民中学强校实验项目，以"促进师生主动发展"为目标，将课题引领强校建设各项工作，预计以三年时间完成八项内容、六个子课题的研究任务。

此外，学校打造了科技与艺术（戏剧）双特色。科技特色向纵深发展。保持"蓝鸿铭海洋鱼类标本馆"品牌特色，积极申报创新实验室项目。大力发展另一项特色项目艺术教育，重在开发与普及。在上级部门、青少年活动中心等大力支持下，已开设戏曲沪剧、新增京剧课程，此外还有朗诵、舞蹈、合唱、手风琴、书画、武术、啦啦操及花式跳绳（新增）等十多个艺术体育课程（社团），做到定时、定点、定内容、有记录，并由专业教师进行指导。同时，注重艺术熏陶和普及，每学期请进各路曲艺大咖来校为全体学生作艺术欣赏讲座，如：4 月 15 日上海京剧院著名旦角演员陈朝红老师带来的《京剧大讲堂》；9 月 16 日上海沪剧院国家一级演员钱思剑《"赏戏团"进校园》；此外，广泛开展校园艺术活动、校艺术节、九月艺术节活动等，集中展示各艺术社团的特色节目。积极鼓励各社团参加市、区各类艺术比赛，进一步扩大学校艺术工作影响力、提升美誉度，各类比赛获奖颇丰：校海洋鱼类标本制作和讲解社荣获区"五星社团"称号；新民晚报、文汇报、浦东时报等多家媒体也相继报道标本馆；学校朗诵社荣获高桥镇"悦读之声"最佳组织奖；被评为浦东新区戏曲文化教育传承基地学校；沪剧社参加浦东新区第八届"南风杯"青少年沪语大赛；在上海市校园沪剧大赛获"集体组提名奖"。

强校工程的实施是时代发展的需要，是社区、家长的需要，是实现义务教育均衡化发展的需要，是适应中考改革的需要。强校建设以来，特别是初态评估至今，育民中学全校上下围绕目标，和谐奋进，学校各方面工作均取得了明显的进步和提升。"宝剑锋从磨砺出，梅花香自苦寒来。"育民中学清醒地认识到，要实现强校目标，不是一朝一夕的事，是一项艰巨任务，学校将在上级各级专家的指导下，在支援校进才中学北校的帮助下，团结全体师生，齐心协力，脚踏实地地努力奋进，做到推进课题，实践主动发展；立足课堂，提高教育质量；加强宣传，提升办学声誉；积极争取，改善硬件设施。

2. 新陆中学目前的成果与思考

包括新陆中学在内的五校的青年教师们都积极参与联合体的各项活动，他们精心准备，把每次活动看作是锻炼自我、展示自我的机会。通过观摩进才中学北校青年教师五四教学设计及课堂教学比赛，通过观摩进才中学北校骨干教师展示课，既展现了进才中学北校教师的教学风采，同时为五所学校各教研组、各学科教师交流学习搭建了很好的平台。经过多年来的实践与反思，新陆中学的青年教师正在茁壮成长。除了项目组取得的共同成绩之外，新陆中学一批青年教师在项目培训中得到很好的锻炼与提升。尤其是语文、数学、英语、物理四个学科升格教师通过专家引领、同伴互助、个人反思，专业发展成绩比较明显，将是五校年轻的生力军。

其中，在"升格"教师专业发展的实践与研究中，新陆中学的青年教师在进修交流、升格培训、教学研讨等活动中，争取了更多更好的专业锻炼和成长的机会，从学校青年教师的反馈和汇报情况来看，专业成长和提升的效果非常明显。更多的老师愿意参与到"升格"项目中，进一步提升自身的专业素养。可见，此项课题实践研究，对学校青年教师的专业成长和学科组的综合实力，起到了很好的推动作用。2013年度教学公开日暨教学法评优活动，共有19位教师执教公开课，结合课题研究，积极开展教学实践研究，整个活动组织井然有序，受到区教发院专家、二署领导的一致好评，取得了较好的成效。

而在基于信息化素养与学科整合的实践研究中，组织青年教师进行教学设计比赛、数字故事评比活动，通过这些活动，使青年教师在信息技术与课程整合的教学设计中，对教师的信息素养具有创造性地使用各种资源的能力；将驾驭信息的能力转化为引导学生自主、高效学习与交流的能力；将学科课程和教育学课程有效整合于教学的能力。其中，新陆中学在4—5月份举行的主题为"新媒体在课堂教学中的有效应用"的五四青年教师教学设计大奖赛中，共有28名青年教师参加，其中1人获得一等奖，3人获得二等奖，8人获得三等奖。12月22日，新陆中学共有9名青年教师参加2014年第二教育署三校联合体"我的课堂我做主"青年教师数字故事比赛，这几位青年教师制作参赛作品，都投入了很多的时间和精力，每一段文字、一幅图片、一段视频都凝聚了这些教师的辛劳和汗水。这次参赛新陆中学也取得了可喜的成绩：2人获一等奖，3人获二等奖，3人获三等奖，1人获鼓励奖。获奖面广、作品质量高，受到区教发院专家、二署领导的一致好评，取得了较好的成效。

通过以上的活动，新陆中学也总结出了一些经验并加以思考：首先，目标清晰的计划是联合体项目顺利开展的前提。联合体项目组深入学习浦东新区联合体的成功案例、二署城郊学校互动的内涵与实施途径等研究成果，积极参与校际的推进、自主发展、共同提升的合作互动平台，参与各项主题式联动的交流研讨，这些活动的顺利开始源于计划的有条不紊，使得新陆中学的教师在能力上有了很大的提升；其次，了解青年教师的现状与需求使联合体项目有的放矢。为了使"青年教师的专业成长"项目更具有针对性、实效性，项目组组织五校青年教师通过座谈会、集中问卷、个别访谈等形式，了解联合体中35岁以下青年教师队伍的现状，并作细致的分析，明确优势以及存在的问题，明确教师个体、学校整体、校际共同目标，以便制定合理科学的互动方案；第三，形式多样的内涵活动使联合体项目精彩纷呈。通过多种培训和指导，促进青年教师成长，联合体采用了多种渠道以提高青年教师思想政治修养水平，巩固专业思想。如师徒结对、听取专家讲座，上实践课、参加听课评课以及比赛等活动促进成长。最后，有效的激励机制是青年教师成长的坚实保障。有效的激励机制能激发、调动教师的内在驱动力，开发教师的潜力，增强教师的自我发展能力。各校通过多种形式和途径向青年教师倾斜，对于外出学习的机会首先考虑青年教师，让他们真正感受到学校对青年教师的关心。

第三节　青海地区教师专业共同体的辐射成效
——以桥头镇中心学校为例

为了促进东西部学校办学水平的不断提高，全面推进教育教学改革，扩大校际之间的交流，互补互促，共同提高，使教育均衡发展。上海进才中学北校与青海大通县桥头镇中心学校从 2007 年携手帮扶，结下了深厚友谊。十几年来，两校的交流内容丰富，涵盖面广，针对性强，主要分为行政管理、教师发展、学生成长三大类，其中又细化为行政管理工作的探讨、德育管理工作的交流、各学科课堂教学研讨、教学资源共享、学生手拉手等，两校多层次、多形式开展教师专业共同体建设工作，在扎实、共进、提质中两所学校的教育事业不断向前推进。

一、桥头镇中心学校概况

青海省大通县桥头镇中心学校坐落于美丽的金娥山脚下，位于宁张公路 31 公里处的大通县桥头镇后庄村。据《大通县志》记载，学校前身是由当地前清贡生刘秉文先生创办的乡村私塾，建于 1918 年。1976 年因扩大办学规模搬迁到现址，更名为新城初级中学，2007 年 4 月大通县乡镇机构改革中更名为桥头镇中心学校。

中心学校下辖胡基沟、向阳堡、大煤洞、小煤洞、元树尔、庙沟、后子沟、窑庄、古城、老营庄、毛家沟共 11 所小学；全镇中小学教职工 202 人，初中专任教师 69 人，工勤人员 1 人，小学 132 人；其中教师本科学历 71 人，大专 104 人，中专 26 人，初中 1 人，初中学历合格率 95.65%，小学学历合格率 100%；高级职称 32 人，中级职称 133 人，初级职称 33 人，4 人未聘；全镇共有 87 个教学班，其中初中 9 个，小学 78 个；全镇在校学生 2666 名，其中初中生 380 名，小学生 2286 名。

　　学校占地面积 19969.9 平方米（约合 30 亩），建筑面积 4945.8 平方米；教学仪器初中生均 61.21 元，小学生均 37.2 元；体音美器材初中生均 203.48 元，小学生均 93.5 元；图书初中 25547 册，生均 11.17 册，小学 3448 册，生均 5.1 册；现建成远程网络备课室 1 个，多媒体教室 3 个，实验、仪器室共 6 个，其中理化生实验室各 1 个，仪器室各 1 个；体音美器材室各 1 个。

　　这所有着近百年历史和优良传统的学校，始终坚持把全面发展作为学校工作的第一要务，紧紧围绕"提高教育教学质量，创办人民满意的教育"的办学目标，正努力建设全县富有特色的示范性乡镇中心学校。

　　近年来，学校教育教学水平稳步提升，教育质量始终名列全县同类学校前列，特别是在各级领导的关怀和校领导班子的正确领导下，学校多次取得各种荣誉，学校先后被评为县级标准化学校、县级校园文化建设示范学校、县级安全学校、市级标准化学校、市级绿色学校、西宁市优秀家长学校和青海省远程教育工作先进集体等多种荣誉称号，连续多年均被县教育局评定为"工作实绩突出单位"。目前，学校并没有满足于所取得的众多荣誉，而是继续发扬不骄不躁、团结协作、务实肯干的优良作风，克艰攻难，与时俱进，开拓创新，为实现学校跨越式的发展而不懈奋斗。

二、共同体建设的实施过程

　　上海进才中学北校教学资源一流，装备精良，有一支结构合理、讲究个体专业发展和团队合作奋进的优质教师队伍。桥头镇中心学校是一所九年一贯制学校，办学条件相对落后，师资队伍老龄化严重，教育教学方面急需提高。自从与上海进才中学北校建立长效合作机制以来，进才中学北校一直为桥头镇中心学校提供无偿培训的平台，桥头镇中心学校的中层干部、教研组长、骨干教师每学年到进才中学北校学习，累计培训人数已达 83 人次。桥头镇中心学校的教师亲身体验和学习了进才中学北校教师的授课、教研、德育等工作，以及精细化的管理和创新务实的工作作风，获益匪浅。

多年来，两校的学生之间，也开展了书信联系、互赠礼物、一对一帮扶等手拉手活动，特别一提的是进北初一（12）班自 2017 年 9 月为桥中七（1）班捐赠图书 48 册那时起，就结下了深厚的友谊。两班结对历时三年，共同开展活动已有 14 次，分别开展了名著读后感评比、书签制作、作文竞赛、特色民居考察、"携手结知己，千里舞芳华"游学、共办小报《致初二的自己》、"带着国旗去旅行——寻找最美的秋天"的摄影大赛、"我的寒假我的春节"征文比赛、"今天我当家"劳动实践、同题诗歌大赛、互赠手工礼物传递友谊等活动，两地学生在交流互动中，共同收获着成长的喜悦和骄傲，感受到同一片蓝天下，共唱同一首歌的友谊。

在结对共建活动中，上海进才中学北校充分发挥了学校优秀教育资源的辐射和带动作用，教师专业共同体建设成效显著，促进了教育教学理念的更新、教学模式的改革、教学质量的提升。

三、目前的成果与思考

1. 在对比中，转变了教育观念

东西部教育的巨大差异，让桥头镇中心学校的教师们感触良多。他们深深体会到，教无成规，学无止境，如果因循守旧，永远也跟不上教育改革的步伐。因此，尽快适应环境，积极参与学校建立与新课程相适应的教育教学管理制度，校本教研制度建设，围绕新课程实验和教育教学改革开展教育教学研究工作，改进课堂教学方法和教学评价方法，成为交流教师最热衷的话题。面对教育对象的差异，必须以渗透现代教育技术为契机，以激发学生的兴趣和创造潜能为目的，因材施教，因势利导，才能达到预期的效果。横向的对比，使教师转变了教育观念，同时也对教育工作多了一些理性的思考。

2. 在学习中，提高了业务技能

结对交流既是一个不断学习的过程，又是为提高自身的业务技能创造条件的过程，这是所有交流教师形成的共识。桥头镇中心学校的教师积极学习科学的教育理念和先进的教育教学方法，探索教法，积累经验，使交流活动真正达到了"传经送宝"和互相学习的目的。

3. 在思考中，增强了质量意识

提高教育质量是教育永恒的话题。通过交流让每个教师树立了质量意识，多了奋起直追的紧迫感。通过自己的辛勤努力，让学生在知识上有所提高，能力上有所增强，习惯上有所转变，即便微小，也是成功。通过交流，我校师资水平和教学质量有了明显的提高，并真正领会了"学然后知不足，教然后知困"的深刻内涵。

他山之石可攻玉。受上海进才中学北校办学理念和办学特色的影响，近几年，桥头镇中心学校逐渐凸显出以下办学特色：

第一，文化立校，实施尚和教育。

桥头镇中心学校着力于文化立校，倡导教师做有文化的教育者，让文化精髓内化在教育教学行为上。"和"文化是桥头镇中心学校的办学理念、办学目标、制度规范和行为方式的综合体现，"尚中贵和"是一种浸润人心的氛围，是一种约定俗成的规则。在"和文化"的引领下，学校德、智、体、美、劳"五育"和谐发展，各门课程之间、各个教学环节之间相互匹配和谐发展，各种教育资源的合理配置、和谐利用，学校教育、社会教育、家庭教育环境的相互衔接、和谐结合，教育者与受教育者之间的和谐互动、教学相长，使受教育者的身心和个性全面和谐发展。

第二，建章立制，规范学校管理。

由于桥头镇中心学校地处城乡接合部，社会环境较为复杂，给学校管理带来了较大的困难，近年来，桥头镇中心学校坚持"严管理、勇改革、高质量、创特色"的治校方略，建章立制，规范管理。在教学方面相继制定了《桥头镇中心学校教职工教育教学工作综合考评方案》《桥头镇中心学校学科教学常规管理制度》《桥头镇中心学校教研成果奖励制度》《桥头镇中心学校小学、教学点常规考评办法》《桥头镇中心学校综合实践活动课程管理制度》《桥头镇中心学校教学事故认定及处理办法》《桥头镇中心学校教师考勤管理办法》等。基本形成了岗位职责明确，流程科学严谨、监督评价到位的学校工作机制。学校里人人有事做，事事有人做，事事出高效。所有的学校制度，逐步向教师高效教学序列化接轨。

第三，立足成长，实现活动育人。

学校的育人活动有如下几项。仪式教育：以"让每个孩子的生活充满仪式感"为德育主题，入学仪式、成长仪式、青春仪式，以此教育引导未成年人强化文明礼仪素养。比如一年级新生的入学礼、入队礼、三年级的成长礼、六年级的毕业礼、七、八年级的致学礼、九年级的毕业礼等。让学生在仪式中感受到生命的庄严，体验到自身的尊严。能够在内心深处对自己的生活产生新的认识，从而培养自尊、自爱、自信、自强的优良品格；感恩教育：教育学生学会感恩，常怀感恩之心，常说感恩之言、常行感恩之礼、常做感恩之事，回报父母、师长和社会。每年利用"母亲节""父亲节""教师节"等节日，组织学生开展"感恩"主题教育活动，为养育我们的父母洗一次脚、献一束花，为辛勤培育我们的恩师，写一封信、送一份贺卡，为我们的伟大祖国唱一曲赞美的歌、颂一首赞美的诗等活动已经形成年度惯例；诚信教育："无人监考"活动已成为学校的一大德育特色，学校政务处每学期确定好"诚信大使"名单，升旗仪式上组织"诚信大使"在国旗下诚信宣誓，让全体同学感受"诚信"的神圣与魅力，亲身体验诚信的庄严与重要。每位"诚信大使"都带着自己制作的上面写有诚信格言的桌牌，参与无人监考活动，形成"守信为荣，失信可耻，无信为忧"的校园氛围；励志教育："我画名人"活动在桥头镇中心学校已持续开展多年，班主任指导学生利用课余时间收集名人名言，这些名言既增加了学生的知识储备量，丰富了写作素材，激励同学们，珍惜时光，努力学习，立志成才，报效祖国。政务处每学期利用三周时间，在全校集中开展"我画名人"活动，寻找名人发奋学习、立志成才的事迹，再由团委、学生会、体音美组，进行组织绘画，最后，将学生作品装裱上墙。通过"我画名人"励志主题教育，激发学生勤奋学习、奋发有为，争做新时代好少年。

第四，细化课型，打造课堂模式。

课堂上教师要围绕"精准教、多元学、显性评"的大通好课堂标准，用"先学后教，以学定教"的教学理念，以"标、学、展、拨、练"的五步教学模式，上好每一堂课。同时，要打造四类典型课堂，细化新授课、练习课、复习课、讲评课的评价标准，探索课堂模式，引导教师开展好课堂研究，开展大通好课堂的培训、观摩、研修等研训一体的校本教研活动。以提升学生课堂参与度、课堂学习互助小组建设为两个重要关注点，桥头镇中心学校提炼出了"活力课堂"基本要素并重新构建了课堂评价量化表。"活力课堂"教学模式在小学部得到推广，为我校"有效教育"理念的提出打好课堂载体基础。而针对薄弱科目学生分化相对严重的现象，从课堂教学着手，针对不同学生的差异，在初中部实行分层走班教学。根据学生的学习基础采用自主选班，教师制定不同的教学目标、教学内容分层授课，提高了教学质量。

第五，强化教研，提升教学质量。

学校重视课题的立项和研究工作。课题申报立项后，组织课题主持人制定学期研究计划，将课题研究与教育教学有机融合，提升教学效果。各课题主持人组织本组研究成员，严格按照计划实施，注重研究过程，定期举办课题研究阶段性总结及展示活动。学校以结题为契机，全面总结我校课题研究的过程和经验，并加以提炼、应用、推广课题研究成果，以进一步发挥教育科研对促进学校师生发展的作用，教学质量以课题的持续开展而不断提升。学校分层次开展课堂教学交流活动。分层组织老年教师的示范课、骨干教师的展示课、青年教师的汇报课，促使各层次教师不断提高专业素养。推选出优秀课例，示范引领全体教师提高教学效率。学校还在组织教师积极参加各级各类学科竞赛活动的基础上，开展全镇中小学教师信息技术与学科深度融合的集体备课比赛、说课比赛、桥中好课堂技能大赛、校本教研系列活动之集体备课、课例研究展示活动、理化生实验教学技能比赛等，用活动的方式激发全体教师发挥集体智慧，共享优质资源，推广学校优秀教师的教学经验，缩短青年教师的成长周期，增进教师之间的相互了解，培植一种交流、合作、探究的学术氛围。按照《桥头镇中心学校青年教师成长共同体组建方案》《桥头镇中心学校青年教师培养方案及实施计划》有序开展各项活动，培养青年教师成长。在学科教学中，通过青蓝工程结成"一对一"的师徒帮带关系，采取"以老扶新"的传统方式，充分发挥传帮带作用。每学期组织青年教师到辖区小学和教学点进行教学拓展活动。感受教学生活，拓展视野，取长补短，磨炼意志，加强自身业务素质。青年教师每周要练习钢笔字、毛笔字、粉笔字等基本功训练，写教学随笔、读书笔记，举行读书分享会、我的教育故事演讲比赛等，引导青年教师在教学中不断学习，以最快的速度掌握扎实的理论基础和专业知识，具备一定的教科研能力，率先成为各级各科骨干教师及学科带头人。

学校还以互联教学助手应用为重点，继续深入推广普及畅言多媒体教学系统、省市教育资源公共服务平台、北京四中网校资源平台和虚拟仿真实验室在教学中的应用，激发教师应用信息技术推动教育理念、教学模式和教学内容创新的热情，积极组织开展多种形式的信息化教学活动，鼓励教师利用信息技术创新教学模式，形成"课堂用、经常用、普遍用"的信息化教学新常态。

第六，依托社团，开发校本课程。

桥头镇中心学校构建了桥中三色课程体系。主色课程为蓝色，主要是教育部规定的学校基础课程；特色课程为红色，包括课间活动课程、庆典教育课程、仪式教育课程、公益活动课程和研学课程；亮色课程为黄色，主要依托乡村少年宫开展社团活动，包括体育类、艺术类、传统文化类、实践操作类。同时，根据学校特色，开发了两门校本课程《看大通》和《诗书启航》，多种课程和谐开设，彰显了学校办学特色，充分体现了培养全面发展、学有所长、快乐向上、身心健康的活力少年这一育人目标。

"落其实者思其树，饮其流者怀其源"，十几年来，上海进才中学北校以实力成就荣耀，用创新收获硕果，同时，共享发展成果，为桥头镇中心学校综合发展提供新的契机。结对交流活动的深入开展为教师的健康成长搭建了锻炼、交流、提高、发展的平台，面对教育对象、管理体制和条件的差异，进才中学北校帮扶我校教师升华了教育理念，开阔了工作视野，活跃了教育思想，改进了教学方法，提高了教学与管理水平，为桥头镇中心学校建设给予了很大的帮助，打造了一支作风优良、素质过硬、技能扎实、师德高尚的教师队伍。希望双方共筑信任基石，继续并肩携手，收获共赢，共享成长，一起绘制两校美好的发展蓝图。

第六章

结论与反思

本书围绕"教师专业共同体"这一核心概念，首先探讨了其提出背景、内涵概念、所遇问题以及现实意义，随后进一步探讨了进才中学北校校长在该校教师专业共同体建设中的重要角色及其对此概念不断深化的思想发展历程，接着进一步结合该校共同体建设的纵向发展过程，本书继续阐述了这一概念在该校管理实践中的落实和价值实现以及对其他学校的影响和效果。希望本书能丰富现有的教师发展与学校管理研究，助力教师专业共同体长效机制的形成，进一步改善教育质量，促进教师、学生和学校文化的全面发展。

第一节　主要结论

近年来，教师专业共同体在国内外学界得到了广泛关注。作为教师专业发展的新范式，它为学校的整体改革与发展提供了富有价值的新思路。然而，国内的初中教师专业共同体研究多停留在对其概念内涵、特征要素、意义价值等理论探讨层面，相关的建设实践研究也才刚刚起步，且其关注点多集中于由学科骨干主导、聚焦单一学科、着眼教师教育活动和教研组文化等微观层面问题的共同体，无法满足我国广大教师群体的专业发展需要及长效机制建立的需求。进一步基于文献分析和相关调查数据可得，当前我国初中教师专业共同体建设主要面临如下困难：一是初中教师个人专业发展动力不足，既缺乏足够的内在发展需求，也缺乏有效的外部强化刺激。二是现有的初中教师专业发展活动组织不力，多数仅有外在"空壳"而无实质作为，不为教师认可，而校内教研组日趋行政化，校际教研同样收效不佳。三是单位激励制度不健全，既有人事制度问题，如教师工作相对稳定，缺少薪资弹性，加之工作强度较大，教学经验沉淀后容易思维习惯固化等因素，使其缺乏内在发展动力和危机感；也有教育制度问题，如考试的指挥棒和与之相应的学校考核制度迫使教师因循守旧，无力响应课改要求，无心创新实践。面临如此现状，如何有效构建初中教师专业共同体以建立教师共同追求专业发展的长效机制尤为值得思索。本书结合文献及当前教育发展需要探讨了教师专业共同体的内涵与价值，再结合进才中学北校多年以来的教师发展实践经验，提炼出初中教师专业共同体的核心要素及建构途径，并探讨该共同体建设及完善的多重机制，然后讨论此思想对区域教育的辐射和影响，最后对共同体的未来挑战与发展策略进行反思与展望。

一、教师专业共同体的内涵与价值

本书认为"教师专业共同体"指的是由某一学校全体教师组成的，具有共同的目标愿景，在长期密切的交互合作中共同追求教师专业发展的动态组织。对这一教师专业发展新范式的探索是教育变革的时代需求，是学校转型的现实需求，更是教师自我提升的内在需求。教育在任何历史时期，对于任何国家民族的发展都是重要的，而在当今更是被委以重任。要想实现国家富强、民族振兴、人民幸福的伟大梦想，就一定离不开一支高素质的教师队伍。同时，学校正朝着相对扁平、相互学习、共同治理的学习共同体发展，教师专业共同体的出现可以为学校发展和改革提供重要动力。而日益变化的教育情境，尤其是当代飞速发展的信息技术与教育技术不断改变丰富教育内涵，无一不鞭策着教师不断学习探索、追求发展。在这复杂的变革时代下，教师专业发展已从个体化努力转向学习共同体携手并进。

二、教师专业共同体的要素与机制

参照已有相关研究的结论、结合本研究收集到的问卷、访谈等数据的分析结果，本书提炼出了初中教师专业共同体的五大核心要素特征：一是共同的价值观和愿景；二是共同体的领袖；三是专业实践中的互助合作；四是交流分享的时空和平台；五是身份认同和归属感。而要在一个教师群体中生成这些要素，首先要基于目标教师群体的需求分析打造共同体愿景；其次要根据教师的精力和能力情况，适度、适量地组织具有实效的教师专业发展活动；第三，要对一线教师进行全方位的专家引领，使之追随；第四，要创造广泛充分的同行交流的机会；最后，还要加强共同体的文化制度建设和物质支持。

教师专业共同体作为一个需要不断培育和发展的有机体，只有通过合理的顶层设计、恰当的制度规约、有力的组织引导来激发足够的教师主体参与和交互，形成人人期待合作并持续参与合作的文化，才能激活其内在生命力，实现教师个人与教师共同体的共同成长。进才中学北校经过多轮的计划—实施—评价—调整的教师发展行动研究，最终形成了一个比较成熟的教师专业共同体。这一成功实践案例中隐藏了初中教师专业共同体得以形成和持续发展的多重机制，包括培育机制、运行机制、评价机制和保障机制。

1. 四大培育机制——目标导向、动力激发、任务驱动、专家引领

有别于商业实践共同体，教师专业共同体缺乏内在自发性，因此共同体的培育是一个系统工程，需要多方机制共同发挥作用。其中，目标导向是远景和行动指南，动力激发是前提和启动器，任务驱动是实践抓手，专家引领是脚手架。四者并施，才能完成"从无到有"的教师专业共同体培育工作。

2. 三大运行机制——持续改进、政策激励、文化引领

教师专业共同体的建设并非是瞬间的完成时，而是要在长期的运行中保持持续发展和逐步优化；相比于短期的教师专业发展活动，专业共同体建设有赖于教师持续的发展热情和动力，这自然又离不开持续有效的政策激励；在行政性政策的基础上，打造竞相向上、互助合作乃至互相监督提醒的共同体文化，才能赋予共同体更持久的生命力。

3. 三大评价机制——过程评价、绩效评估、团队评价

在发展过程中给予及时、灵活的评价与反馈，能够有效帮助教师改善发展中存在的问题；绩效评估方案和标准既可发挥目标引领和行动指南的功能，又

是有效奖惩机制的一部分；团队评价是共同体评价的内核之一，以团队表现代替个人成绩的评价，此机制若运用得当，相比个人评价更能激发教师追求个人专业发展的动力和压力。

4. 两大保障机制——组织和制度

如果把一个初中教师专业共同体看作一个飞行器，那么组织架构便是它的驾驶舱。没有职责分工明确而完善的共同体组织保驾护航，前述的培育、运行、评价等机制都将成为无水浮萍而失灵；共同体制度机制主要是对实践中的有效做法、程序、要求等的制度化，从实践中来、到实践中去，要做到"有'法'可依，有'法'必依"，才能保障共同体的持续有效运行。

三、教师专业共同体的辐射与影响

经过多年努力，进才中学北校教师专业共同体建设初见成效，教师队伍的整体教科研能力不断提升，在各级各类教学比赛与报告论文发表中都取得不俗佳绩，在浦东新区乃至上海市范围内获得了广泛认可，并在集团化办学、强校工程、东西部交流等平台形成了一定区域辐射与影响。该校在集团教师共同体中发挥着重要角色，例如通过浸润式的基地学习帮助进才中学东校的新教师快速成长，还通过带教、短期交流、培训、挂职等柔性流动项目传承进才文化、增进集团互动、拓宽共育平台。而在与育民中学、新陆中学结对以来，该校也积极为两校提供涵盖学校管理、学科教学、德育活动等多方面的培训交流，切实为两校的教师专业成长带来了帮助和指导，进一步加强了支援校的帮带力度，如每月行政干部联合培训活动、五四青年教师教学联合比赛、"升格"教师专业发展实践研究、信息化素养与学科整合实践研究、双向流动支教活动、家校活动观摩等。该校还与青海地区的桥头镇中心学校携手帮扶，通过多层次、多形式的交流往来助其不断促进教育教学理念的更新、教学模式的改革、教学质量的提升，进一步助力其打造一支作风优良、素质过硬、技能扎实、师德高尚的教师队伍。

第二节　反思与展望

　　本书基于进才中学北校的相关实践，探讨了教师专业共同体的建设机制和落实途径。这些实践经验的总结提升有望对同类学校建设教师专业共同体起到一定的引领和指导作用。然而，这些机制和途径在落实到具体的实践时，并非一成不变，也非放之四海而皆准，而是要因地制宜，不断适应新时代的新变化、新情况和新挑战进行创新实践。

一、教师专业共同体的未来挑战

1. 智能化发展需求

　　随着移动互联网、云、大数据、人工智能等现代信息技术的飞速发展，技术与各行各业的融合成为不可扭转的大趋势。技术融入教育催生了诸多新的教育概念、模式和形态，如移动学习、泛在学习、混合式教学、慕课、微课、私播课、直播课堂、翻转课堂等。当前以及未来的学生都是出生在信息时代的技术土著民，而目前教师专业共同体仍未脱离传统教师教育的范式，尽管教师发展活动的形式相比传统的专家讲授式培训更加多样化、更加以学习和实践为中心，但内容仍囿于以传统课堂为核心的教学和研究活动。教师们对课前备课、课堂讲授、课后评估等教学环节的努力虽能使教学技能日益娴熟，但一旦传统课堂环境走向智慧化，围绕传统教育模式而打造的诸多活动便可能变得毫无意义，本已成熟稳定的共同体生态可能被瞬间打破，需要经过长期而痛苦的过程寻求新的动态平衡。

2. 跨地区共享需求

教师专业共同体作为教师专业发展的最新范式，目前仍处于初步探索阶段。已有的少量实践多在北京、上海这样的教育发达地区进行。这些探索实践哪怕成绩卓然，对我国整体的教师专业发展的贡献又有几何呢？共同体赖以生存的诸多条件，譬如专家引领、政策激励、物质支持等等，对于广大落后地区的学校均不具可复制性。如何在教师专业共同体建设探索中纳入教育水平、条件和资源普遍落后的广大农村地区学校？教育发达地区的优秀经验在多大程度上对其有借鉴意义？通过怎样的渠道、方法可以尽可能地实现跨地区共享教师专业共同体建设中的经验、成果和资源？这些问题都值得未来的研究进行深入探讨，以便在一定程度上缩减不同地区在教师教育水平中的差距，进而缩短师资水平和学校教育水平上的地区差异，为教育公平事业助力。

3. 学区化、集团化升级需求

近年来，随着教育资源两极分化的现象日益严重，强校因为对优秀师资和生源的吸引而变得更强，弱校则因为多方人才流失而越来越弱，如此形成恶性循环，在前述全国范围内的地区不平衡之外，又催生了同一地市内不同区片、不同学校之间的教育不平衡，进一步损害了教育公平。为此，各地政府纷纷开始倡导通过实施学区化和集团化办学来应对教育资源的两极分化。所谓学区化办学主要是指地理位置上比较接近的多所学校在课程、师资、教研等多方面实施合作共享、共同办学。而集团化办学是指以一至两所强校牵头，带动几所弱势学校共同发展，这些学校在实际地理位置上可能距离甚远，在教育水平上有较明显的强弱之分。以上海地区为例，据上海市教委 2020 年 10 月 26 日发布的《2020 年上海义务教育优质均衡发展情况》报告，上海已经建成学区和集团 233 个，覆盖 75% 以上义务教育学校。这些地区教育新举措也给传统的以一校为单位的教师专业共同体建设提出了新挑战。如何在更广阔的学区和集团范围内打造有效教师共同体有待更多研究和探讨。

二、教师专业共同体的发展策略

回顾整个教师专业共同体建设实践和研究，本书认为可以从以下方面去应对并不断推进教师专业共同体建设。

1. 教师专业共同体的地位确立

首先，要确立教师专业共同体的正式地位。学校应该采取多方措施，创造有利条件，支持共同体的发展，如给成员充足的时间参与实践活动、公开认可共同体的价值等。在几乎所有学校中，都存在或紧密或松散的教师实践共同体，但在传统的教学管理模式中，这种非正式的、隐性的团队力量常常被忽视。从该意义上，仅仅是引介"教师专业共同体"这一名称，让教师们知道这一团体的存在，便可无形之中促使他们谈论共同实践行为，进一步促进个人和学校的发展。

2. 教师专业共同体的价值认同

其次，要向成员教师描绘专业共同体的战略背景。教师们的日常实践常常以小组或团队项目方式展开，该层面的团队协作由于总能取得有形成果（tangible products）而容易被认可，而专业共同体层面的学习因长期价值无法立现而亦被忽略。若不加引领，教师们往往会过于专注于小团队的短期目标，而忽略共同体层面的远期战略目标。因此，共同体培育者要善于帮助成员教师们看到团队战略的全景，清楚地意识到个人的参与和进步在整个共同体战略图景中的位置。这种战略意义协商可双向进行：一是说明某一战略目标的实现要求怎样的知识技能以及为获得这些知识技能需要进行哪些实践活动；二是解释现有的实践活动具有怎样的战略意义。唯有帮助成员发展大局意识和战略眼光，使其认识到团队实践的重大价值，才能使其获得崇高的使命感和持久的动力。

3. 教师专业共同体的经验沉淀

理论源于实践，并可指导实践。共同体培育者要充分发掘已有教师专业共同体建设的先进实践。一方面，可在学界普遍证实有效的理论指导下，顶层设计共同体的战略纲领，然后分层落实为行动指南；另一重要的方向是，即便没有明确的理论意识和知识指导，教师们在多年的教育实践与合作中也可能形成先进的、具有引领意义的实践经验。共同体培育者要善于从积极的成果中挖掘其背后的经验，分析其成功的必然逻辑（而非不可复制的偶发性）。一旦确定某一活动的先进性，便可总结、提炼、推广，使共同体内部的潜在智慧充分显化，达到效益最大化。

4. 教师专业共同体的政策扶持

营造有利于教师专业共同体发展的政策机制也尤为重要。一个组织环境中的许多因素均会促进或抑制教师专业共同体的发展，包括学校政策、校园文化、管理层的关注点、薪酬体系、工作流程等。尽管管理层在某些环节（如教师薪酬、人事制度等）不具有完全的自主权，但应在其权限范围内尽可能地调配利于共同体发展的政策，如在业绩评估中充分考虑被评估者参与共同体实践的情况及其在共同体中的领导力、影响力与具体贡献，至少要确保政策不能抑制或打击教师参与共同体建设的积极性。

5. 教师专业共同体的资源互通

助力共同体发展还需要培育者善于打破壁垒，统筹多方资源。教师个人或小团队能够获取的资源是相当有限的。以一校为例，若没有更高层面的共同体组织，在某一事件中存在竞争关系或其他利益的院系部门之间，哪怕有资源可以互通，部门成员也可能因集体忠诚观（common loyalty）而拒绝合作，更不必说跨越学校界限，获得兄弟学校、社会力量或政府主管部门的支持。此时，培育全校范围乃至跨校、跨区的多层次教师专业发展共同体，发现和消除组织结构和文化中有碍成员参与的壁垒，便可更好地帮助个体教师和小团队获得其需要的各种资源。共同体引领者应在内部统筹和外部联络中充分发挥自身领导力，为共同体成员的发展提供全方位的资源支持。

教师专业共同体不同于传统的行政单位，因而不需要繁杂的组织结构和基础设施，但其成员确实需要拥有时间与空间展开合作；共同体的维系不需要过多管理（management），却需要强有力的引领（leadership）。唯有通过全方位的引领，创建适当的组织环境，共同体才能在其中自我成长。领导的艺术在

于如何在不过多干预细节的情况下为成员提供足够的资源和人脉支持，做到领
（lead）而不管（manage）。